Ellmosen
Großkarolinenfeld
Rosenheim
Stephanskirchen
Aibling
Kolbermoor
Aising
Hl. Blut
Mitterhart
Mangfall
Pullach
Westerndorf
Pang
Happing
Autobahn -> Salzburg
Pfraundorf
Wasserwiesen
Nicklheim
Raubling
Inn
Altenmarkt
Kirchdorf
Ammerbach
Filze
Neubeuern
Großholzhausen
Kleinholzhausen
Reischenhart
Schwarzlack
Nußdorf
Flintsbach
Brannenburg
Biber
Sulzberg
Hochsalwand
Riesenkopf
St. Margarethen
Fischbach
Asten
Wildalpjoch
Petersberg
Degerndorf
Rehleitenkopf
Falkenstein
Schortenkopf
Kirnstein
Steinerne Stiege
Wildbarren
Arzmoos
Autobahn -> Kufstein
Tatzelwurm
Bichlersee
Regau
Auerbach
Wall
Brünnstein
-> Oberaudorf

Ein frohes Weihnachtsfest 1994
wünschen Dir liebe Erika und Jochen
Uwe und Christine
Stephanie und Maximilian

Robert Eberhard

Land unter dem Wendelstein

Robert Eberhard

Land unter dem Wendelstein

Zwischen Leitzach, Mangfall und Inn
Geschichte und Geschichten, Wanderungen und Ziele

Verlagsanstalt »Bayerland« Dachau

Abbildungen auf dem Buchumschlag:

vorne: Wendelstein, Stahlstich um 1860
(Privatbesitz Autor)

hinten (von links nach rechts):
Trachtenfest in Bad Feilnbach
Deckenfresko im Münster von Fischbachau
Auf den Hohen Asten

Bildnachweis

Arme Schulschwestern, Birkenstein: S. 39
Josefa Daller, Birkenstein: S. 25, 67
Georg Eberhard, Irschenberg: S. 47
Foto Stadler, Bad Feilnbach: S. 11, 82
Foto Trux, Rosenheim: S. 101
Foto Weiß, Flintsbach a. Inn: S. 94, 105
Gemeinde Raubling: S. 89
Germanisches Nationalmuseum, Nürnberg: S. 69
Grundschule Bayrischzell: S. 29
Cäcilie Huber, Brannenburg: S. 18
Karl Kiesel, Gasthaus Tatzelwurm: S. 125
Haimo Reith, Rosenheim: S. 40, 103
Rheinisches Bildarchiv, Köln (aus dem Besitz des Wallraf-Richartz-Museums): S. 68
Stadtarchiv Rosenheim: S. 93 (Aufnahme: Foto Trux, Rosenheim)
Wagner, Bad Aibling: S. 60

Alle übrigen Fotografien stammen vom Autor.

Autor und Verlag bedanken sich bei den Leihgebern für ihre Unterstützung.

Vorsatz:
Zeichnungen von Gerlinde Haltern
Kartographische Bearbeitung von Viktoria Vogel, Typodata

Verlag und Gesamtherstellung:
Druckerei und Verlagsanstalt »Bayerland« GmbH
85221 Dachau, Konrad-Adenauer-Straße 19

Printed in Germany · ISBN 3-89251-177-2

Inhalt

Vorwort

Liebe Leserin, lieber Leser,

wenn Sie dieses Buch durchblättern, werden Sie wahrscheinlich feststellen, daß es in seiner Art schwer einzuordnen ist. Es ist kein reines Wanderbuch, kein ausgesprochener Bildband und auch kein Geschichts- oder Geschichtenbuch; eher schon ein Lesebuch mit etwas von allem oder eben einfach ein Buch über das Land zwischen den Flüssen Leitzach, Mangfall und Inn mit seinen kleineren und größeren Schätzen und Wundern, seinem reichen kulturellen Erbe und seiner landschaftlichen Schönheit. Durch die bewußte Mischung aus all dem habe ich versucht, ein Bild der Landschaft zu zeichnen, das sowohl dem Gast wie auch dem Einheimischen gerecht wird. Eine Gratwanderung, deren Gelingen nur Sie selbst beurteilen können.

Die Wandertips in diesem Buch – eingebettet in die Geschichte dieser alten Kulturlandschaft – ergaben sich nahezu zwangsläufig schon allein dadurch, daß sich viele Ziele in dieser Region erst durch mehr oder weniger lange Wanderungen oder Spaziergänge erschließen lassen. Sie sind ein wichtiger Bestandteil des Textes und wurden deshalb absichtlich nicht gesondert behandelt. Ich hoffe, daß Sie trotz oder gerade wegen dieser Form Anregungen für eigene Unternehmungen erhalten und wünsche Ihnen viel Spaß beim Lesen.

Bei den Recherchen zu diesem Buch im betreffenden Bereich der Landkreise Miesbach und Rosenheim waren es neben den landschaftlichen Reizen vor allem die Menschen, die mich durch ihre Freundlichkeit und die Aufgeschlossenheit mir und meiner Arbeit gegenüber am meisten beeindruckten. Sie haben großen Anteil daran, daß dieses Buch neben einer Landschaftsbeschreibung noch etwas anderes wurde: nämlich eine Liebeserklärung an das Land unter dem Wendelstein, an meine Heimat.
Allen Privatpersonen und Verkehrsämtern, Gemeinden, Heimatmuseen und Archiven sowie den Pfarreien und den Armen Schulschwestern in Birkenstein, die allesamt durch ihre Unterstützung und ihr Entgegenkommen zum Gelingen dieses Buches beigetragen haben, meinen ganz besonderen Dank.

Robert Eberhard

Schaugt's umanand!
Herrgott, wia schö is dös Land!

Ludwig Thoma

Bayerns beliebter Berg

Der Wendelstein

Nähert man sich auf der Autobahn München–Salzburg dem blauen Band der Berge, dann rückt ein riesiger Felsblock immer mehr ins Blickfeld. Aus dieser Sicht weder spitz noch zerklüftet, sondern eher in der Form eines stumpfen Kegels, bietet er nicht das Bild eines dramatischen Alpengipfels. Und doch, durch seine wuchtige, wie aus einem Guß erscheinende Gestalt zieht der Wendelstein den Blick fast magisch an. Gekrönt mit glänzenden Kuppeln erhebt er sich zum Herrscher über alle anderen ihn umgebenden Berge. Gibt es auch weitaus höhere im Hintergrund, so läßt sie seine dominierende, vorgeschobene Lage klein und untergeordnet erscheinen. Deshalb bleibt der Blick ins Gebirge an der bekannten Silhouette hängen. Der Wendelstein ist genauso Fixpunkt für das Auge wie Wahrzeichen für die Gegend unter ihm. Es ist deshalb nur recht und billig, sich zuerst eingehend mit ihm zu befassen, bevor wir uns »seinem« Land zuwenden.

Kaum ein anderer Berg des gesamten Alpenraumes wurde so besungen, bedichtet und verklärt wie der Wendelstein. In seiner Beliebtheit kann er sich durchaus mit anderen Alpengrößen messen. Er ragt über seine Nebenberge und grüßt weit ins Alpenvorland hinaus. Wirkt die Steilheit seines Gipfelaufbaues auch nicht unbedingt einladend, so wurde der Wendelstein trotzdem schon erklommen, lange bevor es Alpinismus im heutigen Sinne überhaupt gab. Philipp Apian, (1531–1589), Herausgeber der ersten topographischen Karte Bayerns (und Maler der ersten Bergbilder auf der Kampenwand) berichtet schon etwa 1570 verwundert, daß trotz der hohen Felsen immer wieder Menschen auf den Gipfel klettern. Apian ist aber auch der erste, der in seinem meisterlichen Kartenwerk den Berg mit »Wendelstain« bezeichnet, während er in älteren Überlieferungen als Thorstein, Rabenspitz und Endlstein auftaucht. Woher hat also der Wendelstein seinen Namen? Deutungen gibt es viele. Endlstein könnte von seiner Begrenzung des Leitzachtales, vom Talende kommen. Von Endlstein zum Wendelstein ist es nicht weit. Namensgeber könnte aber auch der hl. Wendelin, der Patron für das Almvieh, sein; ebenso die »Wenden«, ein Bergstamm der Vandalen, der etwa im 7. und 8. Jahrhundert immer wieder über das Gebirge ins Alpenvorland vorstieß und Not und Schrecken verbreitete. Genauso wie dieser »Wendelstein« kommen die zahlreichen steilen Felswände (»Wändenstein«) in Frage, wie auch das althochdeutsche »wentil«, das »Schnekkengehäuse«, für die Form des Berges und der alte kultische Brauch der Sonnwendfeuer auf dem Sonn»wendstein«. Endgültig wird sich das wohl nie klären lassen, aber wozu auch? Der Name Wendelstein ist heute auch so jedem Bewohner des bayerischen Oberlandes ein Begriff.

Während andere Berge noch in einem dornröschenhaften Schlaf ruhten, wurde der Wendelstein schon bestiegen. Zu den ersten Bezwingern, die über dieses Abenteuer schriftlich Zeugnis ablegten und uns damit an den damaligen Gegebenheiten am Wendelstein teilhaben lassen, gehört der Historiker Lorenz von Westenrieder. 1780 schrieb er beim Aufstieg Notizen in sein Tagebuch, die er später in den »Bayerischen Beiträgen« veröffentlichte. Seine Ausführungen unterscheiden sich insofern von den meisten anderen, daß seine Tour in Brannenburg beginnt und nicht wie so häufig im Leitzachtal. Westenrieder berichtet ganz entzückt von einer Alm (Reindler Alm?), wo ihn zwei bis drei »ganz ungezwungene Almerinnen« bewirteten, die überhaupt nicht »stumm, plump und schüchtern« gewesen wären. Der Aufstieg durch die Wände hatte ihm aber recht zugesetzt, den er hielt schockiert fest: »Wer hier hinab fiel, würde, ehe er den Abgrund erreichte, zerrissen werden!« Enthusiastisch schildert er den Ausblick vom Gipfel: »Auf dem Rücken der Gebirge des Tyrols und der Schweiz, voll Licht und Schnee steigen wieder Berge empor und empor noch höher, und immer höher Alpen auf Alpen. Herrlich, herrlich!«

In diesem Stile geht es weiter, so sehr faszinierte ihn der Ausblick. Diese Begeisterung sollte er aber noch büßen, denn er bemerkte am Schluß, daß ihm anderntags schon beim Besteigen eines kleinen Hügels »zum Erbrechen übel« geworden wäre. Auf dem Gipfel aber hatte er noch vermerkt: »Ich schreibe hier oben an einem Orte,

wo noch keines Menschen Hand geschrieben, vielleicht auch keine mehr schreiben wird . . .«
Wie sehr sich der gute Mann irren sollte!

Zu den bergsteigenden Zeitgenossen des 18. Jahrhunderts gehörte auch der Naturforscher Franz Paula von Schrank. 1786 berichtete er über seine zwei Jahre zurückliegende Gebirgstour unter dem schlichten Titel »Reise nach den südlichen Gebirgen von Baiern in Hinsicht auf botanische, mineralogische und ökonomische Gegenstände, nebst Nachrichten von den Sitten, der Kleidung und anderen Merkwürdigkeiten der Bewohner dieser Gegend«. Auch ihm setzte der Aufstieg schwer zu, denn wie er bekannte, hatte er »noch keinen Berg mit größerer Mühe bestiegen«. Dafür dürften ihn die Naturbeobachtungen reichlich entschädigt haben, erwähnt doch schon Apian viele »fremde Wurzeln und Pflanzen«.
Vor der Wende zum 19. Jahrhundert war es dann noch der Theologe Aloys Baader, der sich in den Bänden »Reisen durch verschiedene Gegenden Deutschlands in Briefen« 1795/97 über den Wendelstein zu Wort meldet. Auch er schreibt über die enormen Strapazen und merkte unter anderem an, man schwebe »wie an der Luft vor fürchterlichen Abgründen«.
Mit dem Beginn des 19. Jahrhunderts mehren sich die Berichte über Besteigungen. Durch ihre detaillierten und aufschlußreichen Schilderungen ragen allerdings die Schriften des Gelehrten Joseph Obernberg (1815), des königlichen Gymnasialprofessors A. A. C. Cammerer (1832), Ludwig Steubs (1860), Heinrich Noés (um 1870), des Hochlanddichters Karl Stieler (1870) und des Geographen Friedrich Ratzel (1886) hervor.
Karl Stielers Worte über den Gipfelausblick sind wohl die poetischsten: »Weit umher lag die Welt in unermeßlicher Größe. Es standen die Berge da, einer über die Schultern des anderen ragend, stumme Titanen. Wie Silberstreifen die Flüsse, und wie eine Herde, die sich ängstlich zusammendrängt, die Städte in der weiten Runde.«
Dem steht allerdings Eduard Duller 1840 mit seinen »Wanderungen durch Bayern und Österreich kaum nach. Bei ihm lesen sich Aufstieg und Gipfelaufstieg so: »Immer rüstig voran auf dem mühvollen unsichern Pfad; hackt euch ein in die Felsen, fasst Fuss im Geröll, wie ihr könnt, pfui der Schande, wenn ihr vor den jähen Gründen erschreckt, die sich dicht vor euch unabsehbar hinabsenken, wenn ihr, so nahe dem Gipfel, noch umkehren wollt. Lieber klettert mit Händen und Füssen über die ungeheuren Felsenbrocken hinweg, der Genuss am Ziel lohnt euch jegliche Mühe. So von den Stürmen umtobt, die seit Jahrtausenden über das Haupt des steinernen Riesen dahinfahren, dünkt ihr euch nicht grösser denn er? So vom Morgenroth angeglüht, schallt aller Klang, den dieser ungeheure Memnon gibt, auf dessen Scheitel ihr steht, seine steinernen Locken umfassend, – in euch hinein, und jede Empfindung, Wonne und Schauer im Genuss der Schönheit der Natur wird Anbetung. Tief unter euch die Felsgipfel und Abgründe, die grünen Triften und die tiefgesenkten Thäler, aus denen leise, kaum vernehmlich, die Töne der Kirchenglocken heraufzittern, – weiter hin gen Süden die Felshörner, leuchtend im Glanz ewigen Schnees, gen Norden der Breitenstein, weiterhin die unabsehbare Ebene Baierns, geschlossen von den Waldbergen, die jenseits der Donau im blauen Dunste schwimmen, gen Osten das Thal des Inns, der aus dem Wunderland Tyrol hervoreilt und Altbaiern durchströmt.«
1823 erklomm der angehende Maler Ludwig Richter in einem Gewaltmarsch von Schliersee aus den Berg. Zu diesem Zeitpunkt war Richter 20 Jahre alt und am Anfang seiner Laufbahn. Die Eindrücke von dieser Besteigung beeinflußten seine späteren Berggemälde. Auch die Mitglieder der am Fuße des Wendelsteins angesiedelten Künstlerkolonie in Brannenburg, etwa Wilhelm Busch, (Mitte des 19. Jahrhunderts) und die Malerfreunde um Wilhelm Leibl in Aibling/Feilnbach (gegen Ende des 19. Jahrhunderts) waren Freunde des beliebten Berges und malten, zeichneten und beschrieben ihn vielfach.
Was alle Schilderungen und Berichte gleichermaßen betonen, ist die Ehrfurcht vor der Natur und dem übermächtigen Berg und die Erkenntnis, daß man in keiner Weise »dem Schwindel zugeneigt sein darf«, denn »man hat ellenhohe Felsen zu erklettern und kann nur einige kleine Strecken ordentlich fortgehen« (Handbuch für Reisen in die südlichen Gebirge Baierns, 1820).
Wer heute in einer Viertelstunde auf gesichertem Steig über die Abgründe

hinweg vom Wendelsteinhaus auf den Gipfel steigt, der kann sich nur noch anhand der senkrechten Felswände eine Vorstellung von den Schwierigkeiten einstiger Wendelsteintouren machen. Bedenkt man dazu noch die gegenüber heutigen Maßstäben unzulängliche Ausrüstung, so muß man die Leistungen dieser Männer bewundern. Vertrauten sie sich auch ausnamslos Führern aus den Talorten an, die wie viele andere Einheimische kein großes Aufheben von ihrer Besteigung machten, so waren sie als Künstler, Poeten, Gelehrte oder Wissenschaftler doch meistens bergunerfahren und den Naturburschen bei weitem konditionell unterlegen.
Bei der willkürlichen Aufzählung der Wendelsteinbesteiger fehlt bisher einer, der nicht unerwähnt bleiben darf. Es ist der bergbegeisterte König Max II. von Bayern (1848–1864), Vater des Märchenkönigs Ludwig II., der durch seinen Besuch den Wendelstein in einen »königlichen« Rang erhob. Seine Besteigung verdient es deshalb auch, etwas eingehender betrachtet zu werden. Kehren wir dazu zurück in das Jahr 1858. Im Sommer jenes Jahres unternahm der König seine legendäre Reise durch das bayerische Bergland. In seinem Gefolge befanden sich Prinz Luitpold (der spätere Prinzregent), der Dialektdichter Franz von Kobell, der Kulturhistoriker Professor Berthold Riehl, General von der Tann und der Dichter Friedrich Bodenstedt. Letzterem verdanken wir eine aufschlußreiche Schilderung über den Hergang der Wendelsteinbesteigung aus dem Jahr 1879. Es war am Morgen des 14. Juli 1858, als der kleine Troß in Begleitung des Bürgermeisters von Bayrischzell aufbrach. Während des Aufstiegs sangen zwei »ländliche« Mädchen das »Lied vom Wendlstoa«, gedichtet und komponiert vom Bayrischzeller Volksschullehrer Hager:

»Glaubt mir, daß ih oft moa,
Über mein Wendlstoa
Geht mir koa anderer Platz,
Er ist mei höchster Schatz.«

Die Sängerinnen gingen so geschickt zu Werke, daß der König sie nicht zu Gesicht bekam, während er das Lied von fast allen Seiten hörte. Nach dem Abstieg vom Gipfel wurde die Gesellschaft bei der Hochalm schon von einer Ansammlung Bayrischzeller Bürger empfangen. Der König lud die zwei Sängerinnen, die sich inzwischen gezeigt hatten, zur Tafel. Man trank Champagner aus Kistallgläsern und tafelte mit Silbergeschirr. Beim späten Abstieg ins Tal begleiteten Fackelträger den hohen Gast und Böllerschüsse hallten vielfach von den Felswänden. Die Tour endete erst um ein Uhr nachts wieder in Bayrischzell.
Vor der bergsteigerischen Leistung des Königs kann man durchaus Respekt haben, doch darf man auch die königlichen Bediensteten nicht übersehen, die in der Sommerhitze das schwere Geschirr und sämtliche Zutaten für das königliche Diner über schmale Steige hinaufschleppen mußten. Der König

Der Gipfel des Wendelsteins zu einer Zeit, als ihn noch keine silbernen Kuppeln und Masten »krönten«.

aber hat mit seinem Besuch einen nicht zu kleinen Teil zur steigenden Popularität des Wendelsteins beigetragen.
Gegen Ende des 19. Jahrhunderts kam der Gedanke auf, auch weniger sportlichen Zeitgenossen die Besteigung des Berges durch eine Aufstiegshilfe zu ermöglichen. Brannenburg, Feilnbach, Bayrischzell und Geitau boten sich als Ausgangsorte an, und teilweise abenteuerliche Konstruktionen bis hin zu einem Gasballon als Antrieb wurden diskutiert. Den Zuschlag für den Bau einer soliden Bergbahn unter der Leitung von Kommerzienrat Otto von Steinbeis bekam dann schließlich Brannenburg. Baubeginn des Projektes war am 29. März 1910. 800 Arbeiter – vor allem aus Kroatien und Dalmatien – wurden für den Ausbau der 9,95 Kilometer langen Trasse eingesetzt. Für die Ebnung des Schienenweges und den Ausbau der Tunnels benötigte man 35 Tonnen Sprengstoff. Bereits am 25. Mai 1912 nahm die Bahn den Betrieb auf, und ein Jahr später waren schon 37722 Fahrgäste befördert worden. Ab jetzt war der Wendelstein für jedermann erschlossen, eine Gipfeltour stellte nichts Außergewöhnliches mehr dar und ein regelrechter Ansturm auf den Berg setzte ein. Nun erschienen noch zwei Besucher auf dem Wendelstein, die die Strapazen der Besteigung ohne Bahnhilfe wohl nicht auf sich genommen hätten. Der eine war 1927 der Nuntius Eugenio Pacelli, der spätere Papst Pius XII. Der zweite war der unvergessene Humorist Karl Valentin. Als Münchner wäre sein Besuch nicht ungewöhnlich, wenn sich seine Bergfahrt nicht so gänzlich von den bereits zitierten unterschieden hätte. Er, der sonst zu jeder Situation einen passenden hintergründigen Kommentar abzugeben wußte, war nicht mehr zum Scherzen aufgelegt, als er in ein über den Wendelstein hinwegziehendes Gewitter geriet. Angesichts der über die Felsen zuckenden Blitze und von den Wänden widerhallenden Donnerschläge stand er solche Todesängste aus, daß sich seine Partnerin Liesl Karlstadt ernsthaft um ihn sorgte.

Rund um den Gipfel entstand ein richtiges Dorf. 1883 wurde das Wendelsteinhaus gebaut, 1912 das Hotel, 1924/49 die Sendeanlage des Bayerischen Rundfunks, 1941 kam die Stern- und 1951 die Wetterwarte hinzu. Seit 1890 gibt es schon das Wendelsteinkircherl (1781 m). Es wurde nach Plänen des als »Wendelsteinvater« bekannt gewordenen Professors Max Kleiber errichtet. Den Entschluß zum Bau faßte er, nachdem die Wirtin des »Turistenhauses« darüber geklagt hatte, daß sie wegen des langen Weges ins Tal überhaupt nicht mehr in die Kirche käme. Die Kirche ist Deutschlands höchstgelegenes Gotteshaus in dieser Größenordnung – der Innenraum faßt 80 Personen. Die Bauarbeiten gestalteten sich äußerst beschwerlich, da fast das gesamte Material von Bayrischzell heraufgetragen werden mußte. Der Professor ließ es sich nicht nehmen, den größten Teil des schweren Altars eigenhändig hinaufzuschleppen.
Wendelsteingeschichte schrieb auch der »Wendelsteinpfarrer« Korbinian Ostermaier. Fast 50 Jahre lang kam er jeden Sonn- und Feiertag aus Rosenheim, um in der Kirche die Messe zu lesen. Und noch einer verewigte sich am Wendelstein: der Münchner Bergsteiger Schwaiger. 1882 durchstieg er als erster den steilen Abbruch jenes Felszackens, der heute das Wendelsteinkircherl trägt und verlieh ihm dadurch den Namen »Schwaigerwand«. 25 Jahre später fraßen sich die Bohrmeißel der Bahnarbeiter durch diese Wand.
Neben der Wendelsteinbahn gibt es seit 1968 eine Seilbahn. Sie schwebt in 7 bis 8 Minuten von Osterhofen bei Bayrischzell zur Bergstation in 1740 Metern Höhe. Bei einer Fahrt kann sie 45 Personen befördern und ist damit natürlich mit verantwortlich, daß sich an schönen Tagen nun bis zu 3000 Menschen auf und um den Gipfel des Wendelsteins tummeln. Sie alle kommen, weil sie wissen, daß sie dort oben einen freien, weiten Blick über das Gebirge und aufs Vorland genießen können. Was die meisten aber nicht wissen, ist, daß der Berg außer der grandiosen Rundumsicht auch ein interessantes Innenleben besitzt.
Glaubt man alten Überlieferungen, muß befürchtet werden, daß der Wendelstein eines Tages in sich zusammenstürzt, weil er vollkommen durchlöchert und beinahe hohl ist. Wenn dies geschieht, dann sind auch alle goldenen Schätze, die tief unten in den Gängen von Gnomen, Zwergen und Berggeistern bewacht werden, für alle Zeiten unwiederbringlich begraben. Daß zumindest das Vorhandensein der Hohlräume nicht ganz der Phantasie entsprungen ist, davon kann man sich beim Besuch der erst 1864 durch Zufall

entdeckten Wendelsteinhöhle selbst ein Bild machen. Auf einer Länge von 170 Metern dringt man ins Innere des Wendelsteins, zum »Dom«, vor. Dabei handelt es sich um einen größeren Raum mit 17 Metern Höhe. Etwas weiter, aber für die Öffentlichkeit nicht mehr zugänglich, liegt das eisige Zentrum. Aber noch weitere Gänge, darunter der Fledermausgang, zweigen vom Dom ab und bilden zusammen ein riesiges Höhlensystem. Irgendwo dort muß der reiche Schatz von drei Schwestern zu finden sein, der nach einer Sage hier versteckt sein soll.
Eis, Firnschnee und Tropfwasser haben eine faszinierende Welt mit gleichbleibender Kühle geschaffen. Man glaubt, in die Tiefe der Erde vorzudringen und vergißt dabei ganz, daß man sich auf einer Höhe von etwa 1700 Metern befindet. Zugleich steht man auf dem Boden des urzeitlichen Meeres, das sich vor rund 200 Millionen Jahren am Beginn der Alpenauffaltung, hier befand. Das Gestein besteht deshalb aus Korallenriffen, Kalkalgen und Schwämmen.
Wegen seiner Höhlen, seiner hervorgehobenen Lage, seiner in alle vier Himmelsrichtungen freien Sicht und seiner beherrschenden gewaltigen Gestalt mag der Wendelstein dereinst Ort zahlreicher Kulthandlungen gewesen sein. In Zeiten, als der Mensch noch Naturgötter verehrte, schrieb man allem, was vom Berg herstammte, besondere Kräfte zu. Überbleibsel davon sind noch heute der »Gamsbart« (die besonders langen Rückenhaare der Gemse) am Hut als besondere Manneszier und zahlreiche Kräuter, denen man große Heilkraft nachsagt. Besonders gefragt war und ist auch das »Mankeischmalz« (Murmeltierfett), mit dem man sich bei Gelenkschmerzen einreibt. Kräuter und Murmeltiere gibt es auf vielen Bergen, doch wieviel mehr Kraft mußte erst ein so beherrschender Berg wie der Wendelstein an sie abgeben!
Eine Rolle als Naturgottheit spielte in fast allen frühen Kulturen die Sonne. Vom freien Gipfel des Wendelsteins aus kann man ihren Lauf ungehindert verfolgen, vom frühen tastenden Aufgang im Osten bis zum letzten blutroten Lichtstreifen im Westen. Der Gipfel ist natürlich auch ein geeigneter Ort für ein Bergfeuer am 24. Juni, dem Tag der Sonnenwende. Die lodernden Feuer auf den Berggipfeln waren wahrscheinlich einstmals als Huldigung an unseren beherrschenden Himmelsstern gedacht und sollten seine Leuchtkraft in die Nacht hinein verlängern. So gesehen erscheint es nur als logische Konse-

Der gesamte Gipfelaufbau des Wendelsteins mit der Kirche, dem alten Hotel mit Bahnhof, dem Sonnenobservatorium, der Wetterstation, dem Sendemast und der neuen Windkraftanlage (von links).

quenz, daß wir heute oben auf dem Wendelstein ein neuzeitliches Sonnenobservatorium vorfinden. Ein Kultort ist der Wendelstein in gewisser Weise auch heute noch. Jährlich erstürmen Tausende von »aufgeklärten« Besuchern wallfahrtsmäßig seinen Gipfel. Sicher nicht aus abergläubischen Motiven, sondern wegen der Faszination des Naturschauspiels aus hellem Fels und luftiger Höhe. Aber wo ist da der große Unterschied zu den noch an Naturgeister glaubenden Menschen? Wie ehrfürchtig und demütig mochte dieser Felskoloß Wendelstein sie gemacht haben, wenn selbst im 19. Jahrhundert der rational denkende königliche Gymnasialprofessor A. A. C. Cammerer begeistert ausrief: »So lohnt die Natur ihre Verehrer!«

Von den Frühzeiten bis zum Einsetzen des großen Zustroms durch die Bahnen und darüber hinaus waren es also allesamt naturbegeisterte und respektvolle Bergsteiger, die sich einfangen ließen vom Reiz des hochalpinen Charakters des Wendelsteins. Um zu erfahren, was diesen Reiz im besonderen ausmacht, reihen wir uns unter die Bergpilger ein und unternehmen eine Gipfeltour.

Vor der Ersteigung braucht heute niemand mehr zurückzuschrecken. Längst ist der Gipfelweg durch die senkrechte Wand kein drahtseilgesicherter Steig mehr, wie er 1878 angelegt wurde, sondern ein richtiger Weg; die bergsteigerische Herausforderung hält sich also in Grenzen. Nur etwas Schwindelfreiheit sollte man mitbringen, denn der Berg selbst mit seinen luftigen Höhen und tiefen Abgründen ist seit ewigen Zeiten derselbe geblieben.

Der Wendelstein kann aus allen vier Himmelsrichtungen bestiegen werden. Almwege und Jägersteige, die schon seit der Kultivierung der Täler von Hirten und Waidmännern benützt wurden, kommen aus Bad Feilnbach im Norden, Fischbachau im Westen, Bayrischzell im Süden und Brannenburg im Osten. Vielleicht ließen sich vom Inntal her auch schon die Römer auf dem Berge sehen. Um der Historie am besten gerecht zu werden, wählen wir eine Überschreitung des gesamten Massivs, wie sie in etwa der junge Ludwig Richter meisterte. Beginnen wir den Anstieg mit den Worten Eduard Dullers aus dem Jahre 1840: »Mächtig fasst euch Verlangen, des Wendelsteins Nacken zu erklimmen. Frisch auf denn; den Schwindel unten gelassen, die Alpenstöcke eingesetzt!«

Da wir nicht zum Ausgangspunkt zurückkehren, empfiehlt es sich, das Auto zu Hause zu lassen und mit der Bahn auf der Strecke Holzkirchen–Bayrischzell nach Geitau im Leitzachtal anzureisen. Ab dem Haltepunkt Geitau folgen wir dem Weg von den Gleisen weg in nördlicher Richtung ins Tal hinein, bis rechts der Wanderweg B1d zum Wendelstein abzweigt. Linker Hand bleibt der Weiler Kloo liegen, eine der ältesten Ansiedlungen in diesem Teil des Tals, die früher Kittenrain hieß. Es geht durch Hochwald beständig aufwärts, und schon bald erreicht man die 1000-Meter-Marke und trifft auf den Weg von Birkenstein her. Man marschiert unterhalb der Kirchwand nach Osten. Rechter Hand bleibt die Spitzingalm zurück, und der Weg zieht sich fast eben durch Wald und über blühende Feuchtwiesen weiter auf den Wendelstein zu. Oberhalb auf dem Kamm verläuft der heute nicht mehr ausgewiesene und nicht mehr markierte Pfad über den wegen einiger exponierten Stellen sogenannten »Hennaschlupf« (Hühnerschlupf). Man sollte sich hier nicht allzulange mit Schauen aufhalten, denn mit fortschreitender Tageszeit kommt die Sonne hinter dem Wendelstein hervor und brennt erbarmungslos auf seine Südflanke. Rechts kommt ein Ausläufer des Wendelsteins in Sichtweite, der Bockstein. Auf ihm wurde im 15. und 16. Jahrhundert bei der Dickelalpe Erz abgebaut. Wer dort nach Spuren dieser Arbeit sucht, wird durchaus noch fündig. Erreicht man die Seilbahn von Osterhofen geht es in Serpentinen steil nach oben weiter. Der eigentliche Aufstieg auf den Felsblock Wendelstein beginnt jetzt erst richtig. Es münden die Wege von Bayrischzell und den nördlichen Tälern ein. Spätestens hier ist man nicht mehr allein, aber es sind immer noch verschwindend wenige Wendelsteinfreunde im Verhältnis zu denen, die in regelmäßigen Abständen über die Köpfe der sich Mühenden hinwegschweben. Für kurze Augenblicke treffen sich die Augen beim Blick nach oben und nach unten, und schon werden die Gesichter hinter den Scheiben der Seilbahn wieder konturenlose helle Flächen. Noch eine letzte Anstrengung, dann steht man auf dem Plateau vor der Bergstation und dem Touristenhaus inmitten von in Jeans, Bundhosen und Shorts steckenden, turn-, stöckel- und bergschuhtragenden, mit Rucksack, Karten, Stock und Fernglas bewaffneten Zeitgenossen.

Besucheransturm auf der Terrasse des »Touristenhauses«.

Was nun? Zuerst zur Kirche, zum »Gachen Blick«, in die Höhle, zum Gipfel, auf den Panoramaweg, zuerst eine Brotzeit oder Mittagessen? Egal, man sollte sich auf jeden Fall Zeit nehmen. Mindestens drei Stunden hat man bis hierher gebraucht, drei bis dreieinhalb werden es noch bis Brannenburg, und wenn es zu knapp wird, hilft die Zahnradbahn mit ihren Zwischenstationen Mitteralm und Aipl. Den Gipfel erreicht man in etwa einer Viertelstunde über einen Steig durch die senkrechte Wand in südwestlicher Richtung. Seltsamerweise verliefen auch alle anderen früheren Aufstiegsrouten über die steilen Seiten und nicht über die flachere Nordseite. Wahrscheinlich war schon damals der Latschenbewuchs so dicht, daß dort kein Durchkommen war. Jedenfalls bekommt man auf dieser Seite häufig Gemsen zu Gesicht, die sich aber ihrerseits um die Gipfelstürmer überhaupt nicht kümmern. Auf dem Gipfel wird man von einem Kreuz, den silbernen Kuppeln des Sonnenobservatoriums und einer Kapelle empfangen. Während das Observatorium nicht zugänglich ist, kann man die Kapelle selbstverständlich betreten. Schon Ludwig Richter legte sich nach seinem beschwerlichen Aufstieg in das »Holzkapellchen, um zu verschnaufen«. Der Sixenbauer aus Bayrischzell errichtete das kleine Bauwerk 1718 aufgrund eines Gelübdes, nachdem er seine am Berg entlaufenen Pferde wieder heil zurückerhalten hatte. Außen und innen war die Kapelle aus Holz, dazwischen mit Steinen ausgefüllt und mit Eisenbändern zusammengehalten. Damit sie den Stürmen keine Angriffsfläche bot, war sie rund. In diese ursprünglich runde Form, in der sie als erstes Gebäude auf dem Wendelstein die frühen Besucher empfing, wurde sie jetzt nach mehreren Renovierungen wieder gebracht. Das erste Kreuz wurde 1866 errichtet, doch zehn Jahre später wurde es bereits durch ein größeres ersetzt. Über 100 Männer waren für den schweißtreibenden Transport des schweren Gipfelzeichens erforderlich!

Auf der Plattform rund um die Kapelle kann man dem Fachsimpeln über die verschiedenen Berggipfel lauschen. Schweigend, lächelnd oder kopfschüttelnd muß da der Einheimische nicht selten anhören, wie Zugspitze und Matterhorn in die Nähe des Wilden Kaisers gestellt werden. Bis vor kurzem konnte er sich noch für die Schmach der Verwechslungen seiner Heimatberge rächen, indem er im Touristenhaus vor dem Kabinett der ausgestopften Wolpertinger – einer ganz besonderen bayerischen Tierart – mit Überzeugung erzählte, wie er einst beinahe ein Exemplar dieser einheimischen Spezies mitten in der Felswand eingefangen habe, das sich gerade über ein Gemsenei hermachte. Und wie er bei der streng verbotenen Wolpertingerjagd beinahe von einem Förster erwischt worden wäre und deshalb über die Grenze flüchten mußte. Drei Wochen habe er sich im Bergwald verborgen, bis er sich endlich in einer Neumondnacht wieder auf den Weg nach Hause wagte. Mit Genugtuung registrierte er staunende Hochachtung bei den von weit hergekommenen Besuchern. Leider gibt es diese kuriose Ausstellung nicht mehr. An die Stelle ist ein Modell der Zahnradbahn gerückt, das für derartige Histörchen wenig hilfreich ist.

Der direkte Weg hinunter nach Brannenburg führt an der Kirche vorbei zur Zeller Scharte. Von dort öffnet sich noch einmal die Sicht nach Süden, dann überquert man den Schienenstrang der Zahnradbahn und steigt zwischen Soinwand und Wendelstein ab zur Reindler Scharte. Beim Abstieg über den Hotelhang kann man sich ein Bild von der Steilheit des Geländes aus der Sicht des Skifahrers machen. Dieser Hang – ein Teil der Skiabfahrt nach Brannenburg – ist wegen seiner Schattenlage dazu oft stark vereist und somit ein echter Prüfstein für jeden Abfahrer.
Im Gebirgseinschnitt verzweigen die Wege in alle Himmelsrichtungen. Links geht es zum Breitenstein und ins Jenbachtal, geradeaus, ein Stück aufwärts, gelangt man zur Reindler Alm und rechts beginnt das Reindler Tal.
Mitten in die Reindler Scharte, wo einst (etwa bis 1850) ein paar Seen glänzten, wollte Otto Steinbeis, der Enkel des berühmten Erbauers der Zahnradbahn, einen großen Parkplatz bauen. Nach seinen Plänen von 1956 sollte eine 5 Meter breite Straße vom Sudelfeld aus dorthin führen und die Maut 2 Mark betragen. Nach anfänglichem Wohlwollen des Gemeinderats von Bayrischzell wurde das Vorhaben zum Glück jedoch nicht verwirklicht.
Die Reindler Alm dürfte diejenige sein, die Lorenz von Westenrieder bei seinem Wendelsteinaufstieg besuchte. Nachdem er bewirtet worden war,

führten ihn die Sennerinnen an den äußersten Rand eines Hügels (wahrscheinlich die Kirchelwand) »von dem wir in ein weites, unbeschreiblich anmutiges Tal (das Jenbachtal?) hinabsahen, wo von weidenden Herden umgeben, in der Mitte etliche Hütten in einer so weiten Entfernung liegen, daß bei deren Anblick die Augen erblinden!«
Na ja, so schlimm wird es wohl nicht gewesen sein, aber Westenrieder berichtet jedenfalls noch ganz entzückt weiter, daß die Sennerinnen hinuntergesungen hätten und daß einige Tüpfelchen vor den Hütten heraufgejauchzt hätten. Man kann unschwer in der Nähe der Reindler Alm Stellen ausmachen, wo Westenrieder vor über 200 Jahren gestanden haben könnte und dabei so glückselig war, daß er in seinen Aufzeichnungen bekennt, er könne die Bedeutung dieses Erlebnisses nicht beschreiben. Es fällt uns schwer, seinen Gefühlsempfindungen uneingeschränkt zu folgen. Westenrieder hatte im Leben viele Probleme, die er hier vollkommen vergaß. Viele Menschen machen es ihm heute nach und suchen und finden in den Bergen Erholung und neue Kraft. Voraussetzung dafür ist jedoch, daß der natürliche Lebensraum in den Alpen erhalten bleibt.
Auf dem Weg durchs Reindler Tal gelangt man zur Mitteralm. Das Bergfreundehaus oberhalb der Almhütten mit seiner unrühmlichen Vergangenheit (es wurde im Dritten Reich von der SA als Skihütte erbaut) ist heute Brotzeit- und Bahnstation in einem. Hier kann man sich noch einmal stärken, bevor es den »Schinder« hinuntergeht; ein besonders steiles Wegstück, bei dem man leicht einen »Knieschnackler« bekommt.
Beim Haltepunkt Aipl und noch einmal etwa 800 Meter weiter kreuzt der Weg die Gleise. Dazwischen kommt man durch den »Ursprung«. Hier entspringen zahlreiche Quellen aus dem Waldboden und vereinigen sich zum Mühlbach. Dem folgen wir allerdings nur kurz, dann mündet der Weg in die Straße nach St. Margarethen. Unmittelbar neben der Kirche beginnt ein Wiesenpfad, der sich hinunter zur Talstation der Zahnradbahn zieht. 2 Kilometer weiter ist der Bahnhof der wichtigen Zugverbindung Kufstein–Rosenheim–München.

Früher ließ sich eine solche Überquerung gut mit einer Übernachtung im Wendelsteinhaus kombinieren. Mit dem Bau der Bahnen gingen die Übernachtungszahlen allerdings beständig zurück, und heute ist es nicht mehr möglich. Dabei wäre es nach wie vor ein Erlebnis, dort oben die Nacht zu verbringen, denn wenn die letzte Seilbahn nach Osterhofen hinuntergeschwebt und der letzte Zug der Zahnradbahn auf den Weg ins Tal ist, dann verändert auch der vielbesuchte Wendelstein sein Gesicht. Dann vernimmt man wieder das Pfeifen des Windes, das klingende Aufschlagen fallender Steine und den Flügelschlag der Dohlen. Die Kuppeln des Sonnenobservatoriums sehen unwirklich aus wie Zeugnisse einer zukünftigen Welt, und in einer klaren Nacht sind Himmel und Täler mit Lichtpünktlein übersät. Der Turm des Kirchleins und die Silhouetten der Felsgrate und Gebirge heben sich dunkel gegen den leuchtenden Sternenhimmel ab, und das Licht der Bergstation fällt auf einen menschenleeren Platz. Dann unterscheidet sich der Wendelstein kaum noch von seinen Nachbarn; er ist wieder einer von ihnen – bis zum anderen Morgen.

Drob'n da tuat 's mi freu'n,
Singa, und Juchhe schrei'n.
Drob'n, wo 's kloa Kircherl steht
Und 's Wölkerl umigeht.

Wann i erst außi schau'.
Wo 's Lüfterl is schö' blau,
Siech i die Stodt, die schö',
Mit de zwoa Kirchtürm' steh'!

Dort ist da Kini z'Haus,
Schaugt wohl in d' Berg oft naus,
Sollt amal kemma 'rei',
Wur eahm net z'wider sei'!

Wendelsteinlied (Strophen 2 bis 4) von Johann Evangelist Hager, etwa 1845

Zwischen Schwarzwand und Käserwand

Die Wände

Hindukusch, Pamir und Nepal sind auf einer Gedenktafel an verunglückte Bergkameraden in der Nähe der Aiblinger Hütte vermerkt. Alles Namen, die dem erfahrenen Bergsteiger in den Ohren klingen. Er verbindet sie mit klassischen Bergzielen, berühmten Wänden und Gipfeln in ewigem Eis wie Dhaulagiri oder Annapurna. Wer aber verbindet den Wendelstein schon mit Kirch- und Kirchelwand, Schwarz- und Weiße Wand, Haid- und Salwand, Käserwand, Seewand, Kesselwand oder Soinwand? Die Berge, zu denen sie gehören, heißen ja auch nur Breitenstein, Hochsalwand und Wildalpjoch. Zumindest die letzteren stehen deutlich im Schatten des überragenden Wendelsteins, obwohl die Gedenktafel bezeugt, daß aus der Gruppe der Bezwinger dieser vergleichsweise niedrigen Heimatberge Bergsteiger von internationalem Rang hervorgingen. Stehen diese Berge in ihrer Beliebtheit auch dem Wendelstein nach, so haben sie ihm dadurch etwas voraus: die größere Ruhe. Das kann nur verstehen, wer an einem schönen Tag ganz allein auf der Soinwand in der Sonne liegt und gelegentlich hinüberblinzelt zum Wendelstein, auf dem sich die Menschen gegenseitig auf die Zehen treten. Ich kann mich nicht erinnern, daß dieser Berg vor 20 Jahren überhaupt schon ein Gipfelkreuz besaß, nur einen Steinhaufen, auf den jeder Besucher ein weiteres Felsstück legte. Dessen geringe Größe ließ dabei auf die kleine Besucherzahl schließen. Dabei ist die Soinwand mit 1751 Metern der zweithöchste Berg im Massiv, und kein anderer steht so zentral im Felsszenarium der Wendelsteinwände; aber auch Lacherspitz und Wildalpjoch liegen deutlich über der 1700-Meter-Marke. Sie alle wären an anderer Stelle bedeutende Erhebungen, doch hier, so nahe beim übermächtigen Wendelstein, sieht man leicht über sie hinweg.

Die Sennerin der Lechneralm hatte gut lachen, denn damals wie heute durften die Kühe für den Almabtrieb nur geschmückt werden, wenn während der Zeit auf der Alm kein Unglück geschehen war.

Zu Unrecht, ragen ihre Gipfel doch über eine vielfältige Hochgebirgslandschaft mit Tälern, Karen, Almen und Bächen, Wanderwegen und Skipisten. Geprägt wird die Region aber durch die hohen Felswände, die sich über dem Moosebnetgraben, über der Reindler Scharte und über dem Soinkessel auftürmen.

Doch soviel diese Landschaft dem Wanderer und Erholungsuchenden bieten kann, die Gefahren von Berg und Fels sind nicht zu unterschätzen. Wenn auch wesentlich niedriger, so stehen sie den berühmten Wänden dieser Welt an Dramatik nicht viel nach und bergen ebenso wie diese Tragödien und persönliche Schicksale.

Vor allem Lawinen richteten in dem steilen Gelände schon immer großen Schaden an, wie etwa das abgehende Schneebrett, das 1948 die Steinbeishütte unterhalb der Käserwand verschüttete und vollkommen zerstörte. Im Winter 1975 war es eine weitere Lawine, die den Schneepflug der Zahnradbahn bei der Soinwand in die Tiefe riß, wobei vier Arbeiter und der Wirt der Mitteralm ums Leben kamen.

Besonders gefährdet waren und sind die Wallfahrer auf dem Weg über das verschneite Gebirge nach Birkenstein. Er kostete im Reindlertal zwei Geistliche aus Freising das Leben. Auch sie wurden verschüttet und erst im späten Frühjahr wieder aufgefunden. Ein anderer Pfarrer stürzte unterhalb der Mitteralm in die tiefe Schlucht des Mühlbachs. Abstürze sind denn auch neben den Lawinen die häufigste Unglücksursache. Zu ihnen zählt der ebenso tragische wie rätselhafte Unfall eines 12jährigen Mädchens in den dreißiger Jahren. Es galt lange Zeit als vermißt und wurde erst über ein halbes Jahr später im unwegsamen Gelände zu Füßen der Haidwand aufgefunden. Nie kam ans Tageslicht, was sie im Gebirge gesucht hatte und wie sie dorthin gelangte, aber offensichtlich verlor sie ihr Leben bei einem Sturz über die Wand.

Eigene Unachtsamkeit und Leichtsinn waren jedenfalls der Grund für die tödlichen Unglücke eines jungen Burschen und eines erfahrenen Jägers. Der junge Mann fiel beim Tagweidkopf aus einem Materiallift, und der Waidmann war wohl auf nassem Fels in der »Schüssel«, einem Felsgebiet beim Arzmoos, ausgeglitten und abgestürzt.

Ist auch der Tod des Jägers ebenso tragisch wie alle anderen Unglücksfälle zwischen den Wänden, so war solch ein Ereignis früher gar so ungewöhnlich nicht. Meist sorgte jedoch eine Gewehrkugel aus einer Wildererbüchse für ein schnelles Ableben. Seit der Zeit, als man dem gemeinen Volk nur noch die Jagd auf das niedere Wild zugestand und Reviere und Jagdreglementierungen eingeführt wurden, kam es immer wieder zu Übergriffen und schweren Auseinandersetzungen zwischen Jägern und Wilderern. Im Bereich der Wände mit ihrem reichen Gemsenbestand erreichten diese Feindseligkeiten noch in den unsicheren Jahren 1945 bis 1950 einen traurigen Höhepunkt; die Bergwälder sind voll von Tatorten, Geschichten und unbeobachteten Freveltaten. Es gäbe viel zu berichten, aber Zeugen waren oft nur die überhängenden Felsen, die von oben in die verborgenen Winkel des Waldes spähen konnten, aber die Wände schweigen . . .

Keine geringe Rolle bei den dramatischen Geschehnissen um die Wände spielte stets auch das Wetter. Ungewöhnliche Kälteeinbrüche während der warmen Jahreszeit und fürchterliche Gewitter gefährdeten Mensch und Tier. Einst erfror die Sennerin von der Reindleralm mitten im Hochsommer, als es am 13. Juli auf den Almen schneite und auf der Lechneralm wurden bei einem schlimmen Gewitter über 20 Schafe vom Blitz erschlagen. Arg gebeutelt wurden die Almleute auch zur Zeit der Wolfsplage. Selbst auf den Bergen wurden das Vieh gerissen und Menschen angefallen. Senner und Sennerinnen wagten sich kaum noch einen Schritt aus der Hütte und verbarrikadierten sich nachts in ihren Lagern. Wölfe gibt es keine mehr in diesem

Die Trasse der Zahnradbahn durch die Soinwand.

Gebiet, doch der moderne Mensch hat dafür etwas anderes gefunden, das ebenso leicht zur Plage werden kann, besonders dann, wenn die Auswirkungen gar Todesopfer fordern: den Skisport! Die steilen, schwierigen Abfahrten sind nicht selten schuld an Selbstüberschätzungen und Mißachtung der gebotenen Vorsicht. Schon mehrmals scheiterten Skifahrer im schwierigen Gelände der Nordabfahrt und prallten gegen Bäume oder Felsen. Zu den frühen Todesopfern zählen der berühmte Faltbootfahrer Rupp und sogar ein Skilehrerehepaar. Pläne, am Soin eine Skisprungschanze zu errichten, verschwanden deshalb auch wieder in der Schublade.

Dieses Gebiet mit seinen abweisenden und zugleich anziehenden Wänden birgt aber nicht nur die Erinnerung an solche bedrückenden Ereignisse, sondern auch einen reichen Schatz an Sagen. Ein typisches Beispiel dafür ist der ehemalige »Tegel-«, »Rakel-« oder »Rackasee« im oberen Jenbachtal zu Füßen der Schwarzwand. Seine abgeschiedene Höhenlage mag einen großen Teil dazu beigetragen haben, daß sich um ihn zahlreiche Geschichten rankten.

Genaugenommen wissen wir nur, daß er um 1650 »abgebrochen« ist und dabei das gesamte Tal überschwemmte. Endgültig versickert oder ausgelaufen ist er wahrscheinlich gegen 1900. Das Unglück aus dem 17. Jahrhundert kann schwerlich die Ursache dafür gewesen sein, denn noch 100 Jahre später erscheint der Rackasee in den Landkarten als richtiger See. Heute jedoch ist nur noch eine Naßwiese mit einem kümmerlichen Tümpel von kaum zwei Quadratmetern Größe übrig. Im Rakkasee befand sich angeblich ein verwunschenes Schloß, und bei ruhigem Wasser spiegelten sich auf dem Seegrund Mauern, Zinnen und Türme. Die Tiere des Waldes aber mieden seine Ufer. In seiner Nähe war es ganz still, weil kein Vogel dort sang, und noch heute ist der überwachsene Morast sehr tückisch. In den Rauhnächten zwischen Weihnachten und Heiligdreikönig hielt man sich besser nicht dort auf, denn dann kam es gelegentlich vor, daß der Schloßherr mit einem schwarzen Sechsspänner eine Ausfahrt machte, dem aufgewühlten See entfuhr und unter Blitz und Donner auf die Schwarzwand am Ende des Tales zustob, in der er schließlich verschwand. Noch viele andere Sagen sind mit dem geheimnisvollen See verbunden, doch die meisten sind schon der fortschreitenden Zeit zum Opfer gefallen. Mit dem endgültigen Vertrocknen des letzten Wassers vom See werden wohl auch die restlichen verschwinden. Schade.

Aber es gibt noch andere Geschichten, die mit dem See nichts zu tun haben. Eine davon erzählt von einer armen Frau, die in den Wäldern zwischen den Wänden Brennholz sammelte. Ihr begegnete ein goldener Ritter, der sie barsch anfuhr, wer ihr denn die Erlaubnis zum Holzsammeln gegeben habe.

Maiandacht bei der Kapelle der Mitteralm.

Voller Angst antwortete sie ihm, daß sie noch nie eine Erlaubnis gebraucht hätte. Da entriß der Ritter der Frau das Holzbündel, warf es in einen nahen Bach und lud ihr stattdessen einen schweren Stein in den Sack. Den mußte sie zur Strafe bis in ihre armselige Hütte im Tal schleppen. Je näher sie aber ihrem Zuhause kam, umso schwerer wurde ihr die Last. Mit letzter Kraft erreichte sie mit der drückenden Bürde ihre Stube, wo sie von ihren hungrigen Kindern schon erwartet wurde. Weinend drehte sie den Sack um und wollte von ihrem Unglück erzählen, aber siehe da, statt des Steins kullerten lauter Goldmünzen auf den Boden. Von nun an hatte die Not der Frau ein Ende, denn so oft sie auch von dem Geld nahm, es ging Zeit ihres Lebens nicht aus. So mancher Stein würde wohl heute zu Tal geschleppt, wenn man noch auf solche Wunder hoffen könnte, aber leider, sie sind halt schon ausgestorben, die goldenen Ritter.
Dabei steckt das Gold dieser Landschaft heute mehr denn je in seinem Gestein, denn es ist gerade der Fels, der den Reiz dieses einzigartigen Erholungsgebiets ausmacht. Könnte man auch meinen, angesichts der Felsen und Wände wäre das Gebiet nur etwas für den Hochalpinisten und Abenteurer, so ist dem nicht so, denn trotz aller Schroffheit sind die markierten Wege durch die Wände unterhalb des Wendelsteins weitestgehend unschwierig; immer vorausgesetzt, man ist einigermaßen trittsicher, rüstet sich ausreichend gegen die Unbillen der Witterung und läßt die generell gebotene Vorsicht walten.

Eine der zahlreichen Touren mit immer neuen Varianten führt auf das Wildalpjoch. Sie berührt einen Großteil der Wände und gibt einen guten Einblick in diesen Teil des Wendelsteinmassivs. Wir benützen dazu für das erste Stück die Zahnradbahn und lassen uns bis zur Mitteralm bringen. So brauchen wir uns nicht mit dem noch vollen Rucksack den Schinder hochquälen und haben mehr Zeit für den interessanteren Abschnitt. Direkt vom Haltepunkt Mitteralm weg folgen wir einfach der Skiabfahrt aufwärts. Ein schmaler Pfad führt kreuz und quer steil den »Gleishang« hinauf in Richtung Soinkessel. Über Gschwandt und Hohe Gschwandt – zwei Hochgebirgskessel, die wie riesige Treppenstufen wirken – erreichen wir die Almhütten beim Soinsee und die Soinhütte. Die gleich bei diesem ersten Teilstück links und rechts emporragenden Felsen lassen unwillkürlich an Lorenz von Westenrieder denken, für den sich hier 1780 »graue, wild herabhängende Felsen in ungeheurer Pracht« darboten. Am Soinsee vorbei in Richtung Wendelstein macht unser Weg einen scharfen Knick und führt schräg durch die Seewand hindurch dem Gipfelaufbau des Wildalpjochs zu. Oberhalb der Seewand treffen wir auf den Weg, der von der Kesselwand und vom Wendelstein her kommt, und

Unter der Kesselwand (1721 m).

zugleich öffnet sich urplötzlich die Sicht auf die südlich aufgeschichteten Berge, auf Seeberg und Traithen, Kaiser und Hinteres Sonnwendjoch, Kitzbühler Alpen und Hohe Tauern. Diese Aussicht wird aber aus höherer Warte noch gewaltiger, und so wenden wir uns nach links und steigen auf den Gipfel. Das Wildalpjoch (1720 m) wartet nach dem Wendelstein und dem Breitenstein mit der umfassendsten Rundsicht in diesem Massiv auf. Während der Berg im Norden fast senkrecht abfällt, ziehen sich Wiesenmatten mäßig steil hinunter zum Sudelfeld. Sie sind bei Kennern im Winter und Frühjahr ein beliebtes Skitourengebiet. Gegen Westen zu breitet sich unterhalb des Berges ein weites, hochgelegenes Almgebiet aus, aus dem die hellen Felszacken von Tagweidkopf und Lacherspitz hervorstechen. Gegenüber im Norden stehen Kirchel- und Haidwand und die pyramidenförmige Hochsalwand, einer der formschönsten Gipfel in diesem Bereich, und direkt neben der Hochsalwand lädt das Lechnerköpfl zu leichter Kletterei ein. Der Ausläufer des Wildalpjochs nach Osten zu ist die Käserwand oder, nach einem Flächenbrand im Jahre 1890, auch »Brandwand« genannt. Die Grasnarbe wurde damals so nachhaltig zerstört, daß sich die Vegetation nie mehr erholte und die Wand bis heute kahl blieb. Nördlich unterhalb der Käserwand liegt das tückische Wetter- oder Donnerloch, eine Höhle, in die schon mehrfach Kühe abstürzten. Zwischen ihr und dem Chiemsee soll eine unterirdische Verbindung bestehen, denn ein hölzerner Melkeimer, der einer Magd versehentlich in das Wetterloch fiel, tauchte im Chiemsee wieder auf.

Silberdistel.

Durch die Käserwand beginnt unser Abstieg. Schnell an Höhe verlierend kommen wir so hinunter zur verfallenen Kronberger Alm, die einstmals für den berühmten Maler Wilhelm Leibl, der bei seinen Jagdausflügen hier gerne Station machte, das »Land der Glückseligkeit« war. Hier muß man sich je nach Kondition und Ausdauer entscheiden, ob man nach Norden hinunter zur Zahnradbahnstation Aipl absteigt und von dort eventuell noch das Breitenberghaus »mitnimmt«, oder ob man lieber die Variante wählt, die ich hier vorschlagen möchte. Dazu müssen wir nochmals einen kurzen Anstieg in Kauf nehmen, aber erst, nachdem wir auf einem Fahrweg zum Arzmoos hinausgelaufen sind. Das Arzmoos ist eine Rarität zwischen all den hohen Bergen, denn es ist ein Hochmoor mit reicher Vegetation. Wegen der zahlreichen Almhütten auf den Wiesen um das Arzmoos wurde es einst auch »Dörfl« genannt. (Wer bei der letzten Kehre des Almweges rechts den Pfad zu den Hütten einschlägt, der kommt übrigens am malerischen Wasserfall des Arzbachs vorbei.) Bei der letzten Almhütte biegen wir nach links ab und folgen dem breiten Weg aufwärts. Er bringt uns auf den Sattel zwischen Schortenkopf und Dümpfel, von wo aus wir

noch einmal über das Arzmoos hinweg zurückblicken können auf die Schlierseer Berge. Dann nimmt uns der Wald auf, und über die »Steinerne Stiege«, einen ungefährlichen kurzen Felssteig, geht es jetzt nur mehr abwärts. Für alt eingesessene Brannenburger Bürger dient der Bergeinschnitt bei der Steinernen Stiege als Wetteranzeiger. Von ihrem Dorf aus können sie mit einem Blick auf die »Stiang« sofort die künftige Wetterlage erkennen. Der Steig durch den Wald endet im Förchenbachtal beim Stausee. Es ist wahrscheinlich der stillste Abschnitt der gesamten Tour, denn selbst am Wochenende begegnen einem hier nur wenige Menschen. Das bleibt noch einige Zeit so, wenn wir nordwestlich den Stausee entlang bis zur Gembachau mit dem Ponyhof weiterwandern. Von hier ab wird es lebendiger und auch wieder bekannter, denn wir treffen auf den Abstiegsweg vom Wendelstein über Sankt Margarethen und erreichen so nach rund fünf Stunden wieder die Talstation der Wendelsteinbahn mit dem Parkplatz.
Eine nicht minder interessante Variante über die Wände führt von der Mitteralm das Reindlertal aufwärts bis zur Reindleralm und dann entlang der Kirchel- und Haidwand auf die Hochsalwand. Über die Lechneralm und das Breitenberghaus führt der Abstieg nach Sankt Margarethen.
Beide Touren berühren eine großartige Landschaft, denn die Wege verlaufen durch und auch über die Wände. Sie bieten faszinierende Aus- und Einblicke in die Bergwelt und zeigen eine andere Welt am Wendelstein. Es ist eine Welt, die stiller ist, die sich dem Wanderer nicht aufdrängt. Und wächst auch im Umkreis des Wendelsteins kein Edelweiß, am Wegesrand und auf den Almwiesen blühen dafür der tiefblaue Enzian, die Teufelskralle, die wetteranzeigende Silberdistel (sie schließt ihre Blüten lange bevor das Wetter umschlägt), die Primel und die Wetterglocke, die man nach dem Volksglauben nicht pflücken darf, weil es sonst ein Gewitter gibt. Als bunte Farbtupfer zwischen den schroffen Felsen und Abgründen gestalten sie die Landschaft lieblicher und nehmen dem Gestein die Kälte.
Das ändert jedoch nichts daran, daß dieses Gebiet sowohl durch Naturereignisse wie auch durch Unachtsamkeit und Leichtsinn des Menschen selbst seine Opfer forderte. Vielleicht ist es gerade deshalb etwas stiller zwischen den Wänden.

Wenn die Gebirge schwarz ausseh'n
Und bleich erscheinen Himmelshöh'n
Dann, sei der Himmel noch so schön,
Kommt Regen zu dir, du wirst seh'n.

Alte Bauernregel

Kletterer am Gschwandtpfeiler.

Beherrscher des Leitzachtales

Der Breitenstein

Wuchtig und breit, wie sein Name besagt, ragt der Breitenstein über das Leitzachtal und den Aiblinger Filzenboden. Obwohl er gute 200 Meter niedriger ist als sein berühmter Bruder, der Wendelstein, und ihn noch andere Gipfel dieses Massivs an Höhe übertreffen, ist er doch ein beherrschender Berg des Mangfallgebirges, der als großer Riegel die Sicht der nördlichen Talbewohner begrenzt. Was wäre der Wendelstein ohne die ihn umgebenden Bergzüge; erst das Gesamtbild bewirkt seine Beliebtheit. In diesem Gesamtbild ist der Breitenstein der Kopf, der Kopf der »Schlafenden Jungfrau« nämlich, als die sich das Panorama vom nördlichen Alpenvorland her darstellt. Majestätisch ruht ihr Haupt, wohlgeformt hebt sich ihre Nase ab und wallend fällt ihr Haar ins Leitzachtal nieder. In diesem Bild der schlafenden Jungfrau zieht der Breitenstein den Blick auf sich, während sich der Wendelstein mit einer Außenseiterrolle begnügen muß.

Für Philipp Apian (1531–1589) war der »Braitelstein« ein »hochragender Berg mit einem Breiten Gipfel, der ganz felsig und rauh ist«. Er könnte allerdings früher sogar noch breiter und mächtiger gewesen sein, denn wahrscheinlich bildeten einst der Breitenstein und sein Nachbar, der Schweinsberg, eine Einheit, und der heutige Einschnitt zwischen beiden entstand erst durch einen gewaltigen Bergrutsch. Darauf deuten zum einen die Geländeform und zum anderen der Birkenstein hin, denn der ist vermutlich nichts anderes als eine riesige Ansammlung von Stein und Fels, also Schutt des Bergrutsches. Wohl aus diesem Grunde mußte der Oberwirt in Birkenstein für seinen Saalbau mit ganzen 101 Sprengungen Platz schaffen, wobei die Arbeiter in 4 Meter Tiefe auf gut erhaltene Baumstämme stießen. Wann jener Bergsturz allerdings stattgefunden hat, ist nicht bekannt.

Mit Bergrutschen gespart hat der Berg jedenfalls nicht, denn weitere Unglücke dieser Art sind bekannt. Darunter ist der Abgang einer Mure auf seiner Westseite. Ein Votivbild in der Wallfahrtskirche Birkenstein versucht in naiver Weise das Ausmaß der Katastrophe darzustellen. Demnach löste sich im Jahre 1767 nach mehrtägigen schweren Regenfällen eine große Fläche Waldbodens und rutschte zu Tal. Am stärksten bedroht war die Ortschaft Marbach, doch nachdem der Regen aufgehört hatte, kamen die Erdmassen zum Stehen. Wie durch ein Wunder verlor niemand sein Leben, aber die Bilanz der Verwüstung war schlimm genug: Über 10000 Bäume und mehrere Hektar Weideland waren vernichtet worden.

Der Berg war also den frühen Bewohnern des Leitzachtales nicht immer wohlgesonnen. Er erschwerte ihnen oftmals das Leben durch Lawinen, Muren und Sturzbäche und diente unter anderem als Heimstätte für allerlei wildes Getier, wie Bär, Luchs und Wolf. Trotzdem spielte die Almwirtschaft auf dem Breitenstein schon früh eine bedeutende Rolle. Breitensteiner Almen werden bereits im 15. Jahrhundert erwähnt, und ein Lageplan aus dem Jahre 1701 von Josef Heiss, kurfürstlicher Förster zu Hofolding, für das Landgericht Aybling (heute im Heimatmuseum Bad Aibling) zeigt die Almbewirtschaftung zwischen Wendel- und Breitenstein anhand der Weidegrenzen der Thurhamber Alm (Durhamer Alm). Demnach gab es schon damals die »Alm in der Spitzing« (Spitzingalm), die »Kottalm« (Kothalm), die Elbacher Alm, die »Alm im Reindle« (Reindleralm) und die Fischbachauer Alm, genannt »im Köffl«. Der Grund für die beachtliche frühe Häufung von Almen ist noch heute offensichtlich: Weite und sonnige Bergwiesen ziehen sich vor allem vom Breitenstein zum Schweinsberg hinüber und bieten sich für eine Almbewirtschaftung geradezu an. Die Weidefläche, die dem einzelnen Bauern zustand, berechnete man früher in »Gräsern«, einem Maß, das sich an der Anzahl der Kühe und dadurch der Größe des Hofes orientierte. Die größte Ansammlung von Hütten besaß wohl die Kesselalm. Um die Jahrhundertwende hatten gleich fünf Bauern zur selben Zeit ihr Vieh dort oben. Als Landwirt Johann Auracher zu »Krein am Bichl« in Birkenstein 1880 seine Hütte auf der Kesselalm aufgab, baute er aus dem Abbruchholz für die Almleute eine Kapelle auf dem nahen Feuerhörndl. Nachdem diese baufällig geworden war, errichtete sie ein Nachfolger auf dem Hof 1963 mit festen Mauern neu. Seitdem leuchtet sie weithin über das Leitzachtal und wurde fast etwas wie ein Wahrzeichen des Breitensteins. Aber nicht nur die Kesselalm, auch alle anderen Almen sind durch ihr Alter sehr geschichtsträchtig.

Es ist jedoch meist die jüngere Geschichte, auf die man in Form von Gedenksteinen, Tafeln und Kreuzen stößt. Einen solchen Gedenkstein mit Kreuz findet man auch auf der Nachtweide der Kothalm. Man liest die Namen dreier Söhne der Familie Daller aus Birkenstein. Sie mußten in den Weltkriegen ihr Leben lassen, wobei der Anderl besonders tragisch umkam. Er überstand mehrere Feldzüge heil und fand noch am letzten Kriegstag 1945 zu Hause den Tod, als ihn beim Waffeneinsammeln ein losgelöster Schuß aus einem achtlos hingeworfenen Gewehr tödlich verletzte. »Buamakogel« (Bubenkogel) hat man den Felsen zum Andenken getauft. Es ist nicht das einzige Gedenkkreuz auf dem Breitenstein. Die enge Beziehung der Talbewohner zu ihrem Berg dokumentiert sich dergestalt auf den Höhen des Breitensteins häufiger, wohl, weil dort der Himmel näher ist.

Kein Marterl und keine Gedenktafel erinnert allerdings an den ominösen Tod von Josef Birner. Er war im Leitzachtal bekannt und berühmt geworden, weil er mit seinem Gemüsewagen etwa um 1910 dreist das Gefährt des Fürsten von Thurn und Taxis überholte und dabei gerufen haben soll: »Wer ko, der ko!« Der Fürst ließ ihn daraufhin anhalten, um ihn zu ermahnen, schenkte ihm dann aber ein goldenes 20-Mark-Stück. Im Alter wurde Birner Saliner. Das waren Männer, die von der Gemeinde versorgt wurden und dafür die Wege im Ort und zu den Almen instandhalten mußten. Eines Tages saß Birner am Nachmittag beim Oberwirt vor seinem Bier und unterhielt sich mit Gästen und Wirt. Er zog seine Uhr hervor, eine schwere Eisenbahneruhr, auf die er sehr stolz war, warf einen Blick darauf, stand auf und machte sich auf den Weg hinauf zum Breitenstein. Von da an wurde er nie mehr lebend gesehen.
50 Mann und die Gendarmerie suchten den ganzen Berg ab, aber man fand keine Spur von ihm. Erst Jahre später entdeckten Holzfäller bei der Arbeit sein Skelett, das man nur anhand seiner Uhr identifizieren konnte, unter dichtem Gestrüpp. Es wurde viel gemunkelt, er könnte vielleicht in der Dunkelheit für ein Wild oder einen Wilderer gehalten und so versehentlich erschossen worden sein; der Fall jedoch wurde nie aufgeklärt.
Auszuschließen wäre diese Version jedenfalls nicht, denn der große Bergrücken des Breitensteins mit seinen schwer zugänglichen steilen Wäldern barg stets viel Wild und bot sowohl Jägern als auch Wilderern ein reiches Betätigungsfeld. Das »Sauloch« zwischen Kesselalm und Bucheralm deutet

Die Kesselalm um die Jahrhundertwende mit der ersten hölzernen Kapelle auf dem Feuerhörndl.

sogar auf das einstige Vorkommen von Wildschweinen in dieser Höhe hin. Heute noch gibt es einen Bestand an Gemsen (hauptsächlich im Bereich des Schweinsberges), während der Alpensteinbock am Breitenstein längst ausgestorben ist.
Selbstverständlich hat der Breitenstein auch ein Gipfelkreuz; es sind sogar zwei, eines auf dem Ost- und eines auf dem Westgipfel. Das erste stand auf dem höchsten Punkt, dem Ostgipfel (1622 m). Am 25. August 1895 stellte es der Volkstrachtenverein Fischbachau auf. Es war 22 Fuß hoch, aus Ebenholz und mit einem vergoldeten Christus. Die Aufstellung wurde groß angekündigt und sollte sich als einzigartiges Fest gestalten. Doch das Wetter machte einen Strich durch die Rechnung. Der Berg zeigte sich abweisend. Während am Vorabend noch mehrere Bergfeuer über das Tal leuchteten, brachten zahlreiche Regengüsse und ein gewaltiger Temperatursturz das Programm durcheinander. Nach gemeinsamer Morgenmesse in Birkenstein konnte man erst viel später als geplant aufbrechen, so daß die Aufstellung des Kreuzes erst am späten Nachmittag erfolgte. Die Musikkapelle spielte trotz der eisigen Kälte, aber man verweilte nicht länger als unbedingt notwendig. 1930 wurde dieses Gipfelkreuz von einem heftigen Sturm schwer beschädigt. Deshalb errichtete man ein Jahr später zu Pfingsten ein neues, welches das alte Kreuz an Größe noch übertraf. Diesmal war es die Hitze, die den Helfern beim langen Transport schwer zu schaffen machte. Wegen der allgemein schwierigen Lage nach dem Ersten Weltkrieg, aus dem viele Männer nicht mehr nach Hause kamen, pries der Miesbacher Anzeiger das neue Kreuz als »Wahrzeichen heimatliebenden und erhaltenden Geistes, das eine bessere Zeit ins Leitzachtal einziehen sehen möge«. Diese Hoffnung sollte sich jedoch nicht erfüllen: Acht Jahre später begann der Zweite Weltkrieg. Das Kreuz hat die schwere Kriegszeit überstanden, aber wieder mußten viele heimische Bauern und Bauernsöhne in der Ferne ihr Leben lassen. Die bereits angeführten zahlreichen Gedenktafeln im Tal und auf dem Berg geben davon ein beredtes Zeugnis. 1970 beschädigte ein Blitzschlag das Gipfelkreuz erneut. Wieder mußte ein neues aufgestellt werden. Der Trachtenverein Fischbachau übernahm abermals diese Aufgabe und brachte dabei zugleich eine Gedenkkassette für die in den Weltkriegen gefallenen Kameraden an. Nicht zuletzt deshalb ist es zur Tradition geworden, unterhalb des Gipfelkreuzes eine Bergmesse abzuhalten. 1970 wurde das zweite Kreuz auf dem Westgipfel aufgestellt. Diese Errichtung ist dem Tal auf der anderen Seite des Breitensteins zuzuschreiben; sie geht auf das Gelübde eines Bad Feilnbacher Kurarztes zurück.
Bis heute ist dem Breitenstein erspart geblieben, wie andere nahe Skiberge mit Seilbahnmasten und Schleppliften gespickt und mit Pistenraupen traktiert zu werden. Deshalb weist er auch keine häßlichen Pistennarben und unnatürliche Waldschneisen auf. Das tut dem Auge gut und macht den Breitenstein als Wanderberg um so beliebter. Trotzdem kommt auch der Wintersportler auf seine Kosten, denn jedes Jahr findet das Kesselalm-Rodelrennen statt. Der Rodelsport hat in Fischbachau schon eine lange Tradition, wenn er hier auch nicht so verbissen betrieben wird wie anderswo. Austragungsort ist denn auch keine Kunsteisbahn mit speziellen Rennrodeln, sondern der natürliche Almweg von der Kesselalm nach Birkenstein. Hier zählt der Spaß an der Teilnahme noch mehr als der Erfolg, obwohl oder gerade weil eine Fahrt über den steilen Ziehweg Überwindung kostet. Das kann die heute über 80jährige Josefa (Peppi) Daller aus Birkenstein nur bestätigen, sie war zweimal süddeutsche Meisterin und mit 70 Jahren noch unter den Teilnehmern am Breitenstein. Bereits 1906 führte die Begeisterung am Rodeln und Skilauf zur Gründung eines Wintersportclubs. Die robusten Holzschlitten kamen noch aus einer Fischbachauer Wagnerei; sie hielten den Belastungen einer solchen Talfahrt am besten stand. Daneben fuhr man aber auch noch mit großen »Hounern«, Hornschlitten (so genannt wegen der vorne hochgebogenen Schlittenkufen), wie sie von den Holzknechten im Winter zum Holztransport verwendet wurden. Wer jemals ein solches Ungetüm in voller Fahrt erlebt hat, der weiß, welche Portion »Schneid« eine derartige Schlittenfahrt verlangt.

Seit alters her verstummen die Gerüchte um das Innenleben des Breitensteines nicht. Man hört von unerforschten Höhlen, von verborgenen Gängen und Sälen, unterirdischen Flüssen und dem riesigen Breitensteinsee.

Anders als beim Wendelstein, wo man schon in zahlreiche Höhlen vordringen konnte, wurde der Schlüssel zu der verborgenen Wunderwelt des Breitensteins noch nicht gefunden. Nur einen unterirdischen Gang kennt man, aber der gehört nicht zu dieser Sagenwelt, sondern ist Werk von Menschenhand. Es ist ein ehemaliger Silberminenstollen, der quer durch den Berg verläuft. Der Zugang ist kaum noch auszumahen, und der Stollen ist auf weite Strecken eingestürzt.
Realistisch an dieser Unterweltsage ist allein der Breitensteinsee. Seine Existenz wird durch die Trockenperioden unbeeinflußten, rings um den Berg hervorsprudelnden klaren Quellen unterstrichen. Doch verlassen wir wieder diese Zauberwelt des Breitensteins, das Reich von Berggeistern und König Laurins Anverwandten, und kehren wir zurück an die Oberfläche. Dort nämlich gibt es ein Wahrzeichen des Breitensteins, das nicht minder magisch anzieht, und das deshalb die Augen vom Tal aus gerne suchen: das Breitensteinfenster! Eine Laune der Natur hat einen großen Felsbogen geschlagen und so ein riesiges »Fenster« geschaffen, durch das der Berg auf die Menschen im Leitzachtal hinunterblickt. Diese hatten einst das Wort Fenster allzu genau genommen und eine Glasscheibe eingesetzt. Doch die Natur duldete einen solchen Fremdkörper auf die Dauer nicht, und alsbald hatte der Wind das Glas zerbrochen. So steht der Fensterrahmen jetzt wieder allein, ab und zu besucht von Neugierigen, die einen Blick durchwerfen wollen und sich durch die verwachsenen Steige nicht abhalten lassen. Für nicht Kundige sei von diesem Vorhaben abgeraten, allzu leicht verliert man den Weg im steilen Waldhang des Breitensteins!

Nicht nur wegen des Breitensteinfensters hat der Breitenstein seinen ganz eigenen Reiz. Doch zieht er damit weniger den Hochleistungssportler oder Gipfelstürmer an, sondern eher den beschaulichen Wanderer und die Familie. Besonders lohnend sind die Bergtouren im farbenprächtigen Herbst, aber auch im Frühjahr, wenn die wärmende Sonne die Pfade und Stege auf der Südseite schon früh vom Schnee befreite. Der übliche und kürzeste Aufstieg erfolgt von Birkenstein aus. Immer wieder den munter dahinfließenden Sattelbach überquerend, gewinnen wir schnell an Höhe und erreichen bald eine steinerne Brücke. Die ist als Markierungspunkt deshalb interessant, weil nur etwa 100 Meter weiter der Weg eine scharfe Rechtsbiegung macht, die »Kanzlerreibn« (Kanzlerkurve). Ein Holzknecht mit Namen Kanzler konnte hier seinen holzbeladenen Hornschlitten nicht mehr abbremsen, wurde aus der Kurve getragen und flog mitsamt der schweren Last über die Böschung. Wir dürfen beim Blick über den Hang und bei der Vorstellung seiner »Kraftausdrücke« ruhig schmunzeln, denn es ist ihm nichts passiert. Kurz unterhalb der Kesselalm sprudelt es geradezu rings um den Weg, wir kom-

Der Westgipfel des Breitensteins (1575 m) mit den Schlierseer Bergen im Hintergrund.

men durch das Gebiet »Sieben Quellen«. An zahlreichen Stellen tritt hier Wasser aus dem Berg. Früher lief der Weg über die sogenannte Hindenburgkanzel (wahrscheinlich benannt nach dem Besuch des Reichskanzlers Hindenburg im Leitzachtal), einem Felsvorsprung mit schöner Aussicht. Wasser gibt es auch weiter oben und noch viele andere Getränke, denn wir erreichen nun die Kesselalm. Bis hier haben wir etwa eine Stunde gebraucht, es ist also noch viel zu früh zum Rasten. Doch wer kann schon widerstehen, wenn vielleicht ein Almkirta lockt? Also Vorsicht, daß wir die Zeit nicht zu sehr verbummeln, eine ¾ Stunde aufwärts wartet bereits die nächste Versuchung, die Hubertushütte, die zweithöchstgelegene Berghütte im Wendelsteinbereich. Bis dahin aber haben wir das Getrunkene in Form von Schweiß meist schon wieder verloren, denn es geht jetzt an dem sonnigen Südhang ganz schön zur Sache. Der bis kurz hinter die Kesselalm breite Fahrweg geht über in einen schönen Bergpfad, der sich zwischen Felsen, Wiesen und lichtem Wald hinaufzieht. Bei der 1899 als Jagdhütte errichteten Hubertushütte ist der Gipfel schon zum Greifen nah. Wer will, kann sich auch hier noch einmal niederlassen, denn wir kommen auf diesem Weg nicht zurück, und eine weitere Einkehrmöglichkeit ist nicht in Sicht. Am Kreuz angekommen, bestaunen wir erst einmal die überraschend herrliche Aussicht. Es grüßen das gesamte Wendelsteinmassiv, die Schlierseer Alpen und ganz im Süden die schneegekrönten Dreitausender der Hohen Tauern. Im Osten und Norden blicken wir hinunter auf Sims- und Chiemsee und bei klarem Wetter bis nach München. Diese Aussicht wird uns noch eine Weile begleiten, denn wir schreiten den Breitenstein der Länge nach ab bis zum Westgipfel, von wo aus wir fast den gesamten Lauf der Leitzach verfolgen können. Als Abstiegsroute wählen wir den Weg auf der Nordseite über die Bucheralm mit ihren weiten Almwiesen. Gegenüber liegt der Schwarzenberg. Wir nehmen diesen Blick noch einmal in uns auf, dann beginnt der Wald. Kurz bevor wir in Birkenstein ankommen, treffen wir wieder auf unseren Aufstiegsweg.

Eine gemütliche, ungefährliche, aber »echte« Bergtour geht zu Ende, immer vorausgesetzt allerdings, man bleibt auf dem Weg und bringt sich nicht durch Leichtsinn in Gefahr. Das ist gerade das Schöne am Breitenstein, daß er keine Höchstleistungen und schwindelerregende Taten abverlangt, sondern eher zum Schauen, Stehen und eben auch Sitzenbleiben verleitet. Dies trifft allerdings weniger für die Tour ab Bad Feilnbach zu, denn diese erfordert wesentlich mehr Kondition und Zeitaufwand. Sie weist einen Höhenunterschied von 1100 Metern auf, und man benötigt etwa sechs Stunden, doch sie ist nicht minder schön und ebenfalls durchaus zu empfehlen.

Wer dem Wendelstein näher sein will, der sollte von der Kesselalm aus den Schweinsberg besteigen. Hier zeigt der Wendelstein mehr Fels und wirkt dadurch noch mächtiger (etwas für Fotofreunde).

Als ich selbst das erste Mal ganz oben auf dem Breitenstein stand, war ich sechs Jahre alt. Ich war mächtig stolz auf meine Leistung, denn es war mein erster »großer« Berg und für mich der höchste überhaupt. Seither ließ ich mich noch oft neben dem Gipfelkreuz nieder, um in Ruhe die prächtige Aussicht zu genießen.

Und so ist es mir mit diesem Berg ergangen wie vielen anderen Bergwanderern auch: Ich bin sein Freund geworden.

Berggstanzl

Hoch drob'n auf 'm Berg,
weit drauß'n in de Wänd,
da hat der Deifi sein'm Schwager
den Schnauzbart verbrennt.

Bei uns in de Berg
lernt ma 's Hennagreif'n
und nach de schön' Madln
auf de Finger pfeif'n.

A Gams hab' i g'schoss'n
in de Broadnstoawänd!
Hat mi 's Hoamtragn verdross'n,
hab s' an Jaagerbuam g'schenkt.

Je höher die Berg,
desto größer der Wind;
je schöna des Dirndl,
desto kloana die Sünd'.

Von Bayrischzell zur Mangfall

Die Leitzach und ihr Tal

Die Quelle am Ortsrand von Bayrischzell hat viele Geschwister ringsum auf den Bergen. Zusammen bilden sie die Leitzach. Deuten wir ihren Namen nach keltischem Ursprung, dann heißt sie »helles, über Sand laufendes Wasser«. Die Leitzach zerteilt ganze Gebirge, zwängt sich durch Schluchten, fräst Steilhänge in sanfte Hügel, läuft durch Talböden und windet sich zum Schluß, als sträube sie sich, ihr Tal zu verlassen. Zahlreiche weitere Bäche und Zuläufe von den Hängen in Richtung Geitau lassen sie schnell anschwellen und wenn sie nach Hammer hinauskommt, dann ist sie schon fast erwachsen.
Floß sie bis hierher von Ost nach West, so wendet sie sich bei Stauden plötzlich nach Norden und behält diese Richtung bis zu ihrer Mündung bei. Sie passiert etwas abseits Fischbachau, Elbach und Hundham und schneidet dann tief in die Vorgebirgslandschaft ein. Nur wenig Sonne fällt in diesen Abschnitt, so daß oft noch Rauhreif und Schnee vorherrschen, wenn anderswo schon die Frühlingsblumen sprießen. Ab dem Ort Leitzach treten die bewaldeten Hänge weiter zurück und geben Raum frei für Wiesen und Felder. Trotz ihres schlängelnden Verlaufs wird die Leitzach ruhiger und gesetzter, ohne jedoch den Charakter des Gebirgsbachs ganz abzulegen. Sie kreuzt die Autobahn München–Salzburg und die dicken Rohre des Wasserkraftwerkes Vagen und erreicht schließlich unangefochten das »Goldene Tal« um Narring und damit einen würdigen Abschluß. Bei Feldkirchen-Westerham mündet sie kurz darauf in die Mangfall. Bis hierher hat sie auf einer Strecke von etwa 40 Kilometern rund 300 Meter Höhe hinter sich (im Vergleich dazu: bei der Donau steht dem dreifachen Höhenunterschied die siebzigfache Länge gegenüber). Der Höhenunterschied würde sich noch gewaltig vergrößern, legte man als Ursprung der Leitzach den höchsten Seitenarm zugrunde, und das wäre immerhin der Stettenbach aus dem Soinsee mit beinahe 1500 Metern!
Das Bett der Leitzach richtete ein Gletscher der letzten Eiszeit. Er räumte ihr die größten Hindernisse aus dem Weg und zermalmte den Fels. Für die Matratze aus bunten, runden Kieselsteinen sorgte der Fluß selbst, indem er sich Felsstücke aus den Bergen holte und beständig ihre Kanten und Ecken abschliff.
Nur Menschen, die die Kraft der Leitzach zum Betreiben der Mühlen und Schmieden benötigten, wagten sich mit ihren Gebäuden direkt ans Wasser. Zeugen solcher Stätten sind heute meistens nur noch die Orts- und Hausnamen wie Klarermühl, Hammer, Mühlau, Mühlkreit, Obermühle, Wörnsmühl, Lippmühle, beim Müller, Auerschmiede und Haslinger Mühle. Schon im 14. Jahrhundert mußte der Fluß

Um 1910 war das »Bayrische Zell« noch ein kleines Bauerndorf.

Schmieden und Hammerwerke antreiben, denn in dieser Zeit begann der Erzabbau auf den Bergen ringsumher. Bekannt sind die Verarbeitungsstätten in Dürnbach und Drachenthal, doch vorrangig waren die Hüttenwerke in Hammer bei Fischbachau. 1776 jedoch wurden die Arbeiten wegen Unwirtschaftlichkeit eingestellt. Aus etwa der gleichen Zeit stammen die ersten Berichte über die Nutzung der Leitzach als Verkehrsweg. Man transportierte auf Flößen zu Scheiben gepreßtes Salz, und später triftete man von Bayrischzell Baumaterial und Brennholz über Leitzach und Mangfall bis zur Saline nach Rosenheim. 1867 wurde aber auch die Trift eingestellt, und mit Ausnahme von ein paar Mühlrädern ließ man den Fluß in Ruhe. Er versandete und richtete sich sein Bett wieder nach seinem Willen. Abgesehen von einigen Regulierungsmaßnahmen und dem Wasserentzug für das Kraftwerk Vagen bietet die Leitzach heute wieder ein sehr ursprüngliches Bild. Man fährt deshalb gerne zu ihr hin, um zu baden, spazierenzugehen oder einfach auszuspannen.

So stehe ich an ihrem steinigen Ufer und blicke auf das glitzernde Wasser, das sich munter seinen Weg sucht. Aus dem klaren Naß fische ich einen glänzenden Kiesel und drehe ihn im Licht zwischen den Fingern. Wo kommt er her, und wie lange liegt er wohl schon hier? Wenn er mit der Leitzach gewandert ist, dann hat er im Laufe der Zeit einiges von dem erfahren, was sich diesseits und jenseits der Ufer abspielte. Mein Blick folgt dem Fluß aufwärts, bis er hinter einer Biegung verschwindet. Meine Augen können ihm nicht mehr folgen, aber meine Gedanken gehen mit ihm bis zu seinem Ursprung und zugleich weit zurück in die Vergangenheit, denn die gesicherte Besiedlungsgeschichte des Leitzachtales beginnt vor rund 1000 Jahren.
1025 bekam der Graf Adalbero von Sempt-Ebersberg eine Enkelin, die spätere Gräfin Haziga, die wir guten Gewissens als die Begründerin der bäuerlich-christlichen Kultur des Leitzachtales ansehen können. Neben anderen Besitzungen erbte sie auch das Gebiet südlich des Wendelsteins rund um den Ursprung der Leitzach. Mit 20 Jahren heiratete sie Graf Hermann von Kastl-Sulzbach-Habsburg und vermehrte mit ihm ihre Güter. Ihr Gemahl verstarb jedoch bereits nach fünf Jahren Ehe, und Haziga vermählte sich daraufhin mit dem Pfalzgrafen Otto II. von Scheyern-Wittelsbach und wurde so zur Stammutter des bayerischen Königshauses. Als sich auf ihrem Land zwischen den Bergen zwei Einsiedler, Adalbrecht und Otto, niederließen, hatte sie nichts dagegen, sondern unterstützte diese sogar 1076 beim Aufbau einer »Zelle« und einer kleinen Kirche. Letztere wurde ein Jahr später von einem Onkel der Gräfin, dem Bischof Ellenhard von Pola (Pula/Istrien), eingeweiht. Aus der kleinen Zelle wurde bald ein Kloster, das Haziga 1080 den Benediktinern des Schwarzwälder Reformklosters Hirsau übereignete. Hirsau sandte 12 Mönche, der Zahl der Apostel entsprechend und ebensoviele Laienbrüder. Doch wahrscheinlich wegen der unwirtlichen und abgelegenen Gegend baten die Mönche schon bald um neuen Grund für die Verlegung des Klosters. Gräfin Haziga stellte ihnen daraufhin das Land des heutigen Fischbachau zur Verfügung.

Hätten die Mönche damals geahnt, zu welchem schmucken Fremdenverkehrsort sich das jetzige Bayrischzell einmal entwickeln würde, sie hätten es sich vielleicht noch einmal überlegt. Allerdings beschwerte sich noch 1846 der Dichter Ludwig Steub über den ungenügenden Anschluß an die Außenwelt (nur zweimal die Woche Verbindung mit Schliersee), über nicht angekommene Kartoffeln, das harte Brot und das matte, laue Bier. Selbst noch 1873 notiert der bayerische Autor und Münchner Archivdirektor Karl Stieler: »Im Ganzen wird Fischbachau und Bayrischzell nur von wenigen Fremden besucht, und selbst diese berühren es fast bloß auf der Durchreise, weil die Wirtshäuser noch ziemlich primitiv sind. Wer sich indessen nicht einschüchtern läßt, der kann unendlich billige Tage dort genießen und für sechs Kreuzer eine ganz erträgliche Nacht verleben.« Kämen sie heute wieder, sie würden Bayrischzell nicht wiedererkennen. Mit dem Bahnanschluß an Schliersee 1911 kam der Umschwung. Während man in diesen Anfangsjahren 50 bis 100 »Sommerfrischler« beherbergte, besuchen heute über das Jahr verteilt etwa 300000 Urlauber das Dorf. Zu seinem weithin bekannten Namen kam der Ort jedoch relativ spät. Erst 1700 wurde »Zell« zu »Margarethenzell« und 1832 zu »Bayrischzell«, damit man es mit dem österreichischen

Zell bei Kufstein nicht mehr verwechseln konnte.
Es spricht vieles dafür, daß die Geschichte der Besiedelung Bayrischzells wesentlich weiter zurückgeht. Abt Conrad vom Kloster Scheyern überliefert in einer handgeschriebenen Chronik von 1210 den alemannischen Namen »Helingersweng«. Aber auch noch andere Schriften deuten darauf hin, daß sich Menschen ab dem 5. Jahrhundert dort niederließen. Wahrscheinlich wurde die Gegend jedoch wieder aufgegeben und verfiel in ihren ursprünglichen Zustand.
Durch die unmittelbare Nähe des Wendelsteins war das Leben der Zeller naturgemäß immer eng mit diesem verbunden, so daß Jahreszahlen aus der Chronik des Berges mit den Jahreszahlen der späteren Bayrischzeller Chronik identisch sind (Gründung der Wendelsteinkapelle durch Zeller Bauern, Eröffnung des Touristenhauses, Bau der Wendelsteinkirche usw.). Zwei Daten, die daraus hervorstechen, sind allerdings die Gründung des »Ersten Gebirgstrachtenerhaltungsvereins« Bayerns 1883 und die Anerkennung als Luftkurort im Jahre 1979. Beide Jahreszahlen stehen für die heutige Bedeutung Bayrischzells als typisch bayerischer Urlaubsort.
Die Touristen ahnen jedoch nichts davon, daß es noch vor gar nicht langer Zeit so friedlich auch wieder nicht war, denn in der waldreichen Gegend wurde einst viel gewildert, und die nahe österreichische Grenze sorgte für regen Warenaustausch durch Schmuggler. Rum, Tabak und Schokolade gehörten lange Zeit zur besonders begehrten Ware, die man über die Grenze schaffte, während die armen Zöllner durch ein spendiertes Bier in der Bäkkeralm abgelenkt wurden oder auch nichts gesehen haben wollten.
Doch zurück zu jener Zeit, als der Grundstein für die heutige Kulturlandschaft gelegt wurde. Gräfin Haziga hatte das Land um das heutige Fischbachau vom Bischof von Freising eingetauscht. Als die Mönche 1085 dorthin umzogen, kamen sie nicht nur durch

Zwischen Hammer und Wörnsmühl bietet die ursprüngliche Leitzach gute Bedingungen für Kanufahrer.

unbewohntes Gebiet. Zu diesem Zeitpunkt existierten bereits Geitau, Kloo und der Klarer. »Vischpachisowa« bestand nur aus zwei Bauernhöfen, die zum bischöflich freisingischen Hof Elbach gehörten. Einer dieser Anwesen hieß »Beim Friedl«. Vor rund 500 Jahren wurde der Hof neugebaut, und dieses Haus ist nach einem Umbau 1990 heute noch das älteste im Ort.
Die Landschaft ringsum war noch dicht bewaldet, in Talnähe und im Tal selbst wahrscheinlich vorherrschend durch den heute immer seltener werdenden Bergahorn. Wahre Riesenbäume sollen es gewesen sein, die ein Mann allein gar nicht fällen konnte. Vereinzelte Exemplare dieser Gattung – allerdings eine Nummer kleiner – finden wir heute noch an den Westhängen des Breitensteins. Wer schon einmal im »Großen Ahornboden« im Karwendel war, der kann sich ein Bild davon machen, wie es wohl einst im Leitzachtal aussah. Wer zudem weiß, wie sonnengelb sich die Blätter des Bergahorns im Herbst färben, der kann sich leicht vorstellen, wie farbenprächtig und leuchtend sich das gesamte Leitzachtal im Herbst darbot. Die wenigen Bewohner und die Mönche hatten jedoch wohl kaum einen Blick dafür, forderten ihnen die Rodungsarbeiten doch viel ab. Das Gelände war übersät mit Gestein und Felsbrocken, nur äußerst mühsam waren dem Land Felder und Wiesen abzuringen.

1087 wurde in Fischbachau bereits die erste Kirche, die Mariä-Schutz-Kirche des Klosters, eingeweiht. Der romanische Bau wurde spätgotisch umgebaut und in der Barockzeit durch Hans Mayr d. Ä. von der Hausstatt um Turm, Langhausjoch und Sakristei ergänzt. Die kleine und älteste noch erhaltene Kirche des Leitzachtales steht eindeutig im Schatten des Fischbachauer Martinsmünsters und wird deshalb leicht übersehen. Doch in der Karwoche sollte man einen Blick auf das Heilige Grab (1786) werfen, denn dann erzeugen farbige, wassergefüllte Glaskugeln ein eigenartiges Lichterszenarium um die dreidimensional wirkenden Bildnisse aus dem Alten und Neuen Testament.
Schon bald nach dem Bau der Mariä-Schutz-Kirche – wahrscheinlich etwa um die Wende zum 12. Jahrhundert – wurde auch das Fischbachauer Münster fertiggestellt. Beim ersten Anblick denkt man weder an eine Abteikirche noch an ein Münster. Der geradlinige, beinahe strenge Bau mit dem barocken Zwiebelturm ist wenig auffällig und wirkt eher wie eine große Pfarrkirche. Umso überraschter ist der Blick ins Innere der Kirche. Die Dreiteilung des Kirchenschiffs mit schweren massigen Rundbögen verrät den romanischen Ursprung, doch anstatt zu erdrücken, bezieht die reiche Barockausstattung die Arkaden in die Leichtigkeit und Verspieltheit ein. Dadurch empfindet man den Raum weniger entrückt und nicht so unnahbar wie oft andere vergleichbar große Münster. Das Auge wird nicht angestrengt durch die Ausdehnung eines hallenartigen Kirchenschiffs, sondern kann in nächster Nähe ruhen. Da die Kirche über und über mit Bildern versehen ist, wandert der Besucher wie durch eine Galerie. Man verläßt das Martinsmünster erstaunt und verwundert darüber, daß diese Stätte bayerischer Barockkunst eigentlich wenig bekannt ist.

Anscheinend konnten die Benediktinermönche dem Leitzachtal nichts abgewinnen, denn noch während der Bauzeit des Münsters wanderten sie weiter zum Petersberg bei Dachau. Aber auch dort sollten sie nicht lange bleiben. 1119 zogen sie in die verlassene Burg Scheyern (bei Pfaffenhofen/Ilm), die Otto von Wittelsbach in ein Kloster umwandelte. Fischbachau aber wurde Propstei von Scheyern und sandte einen Priester nach Bayrischzell. Ausgerechnet Bayrischzell, der Ausgangsort für die Klostergründungen Fischbachau und Scheyern, mußte am längsten auf eine Pfarrkirche warten. Erst Mitte des 18. Jahrhunderts bekam es durch die Benediktiner anstelle der ehemaligen schlichten Klosterkirche das heutige Gotteshaus.
Gräfin Haziga, der das Leitzachtal so viel zu verdanken hat, starb wahrscheinlich 1104. Die Umstände ihres Todes sowie ihr Grab sind leider nicht mehr bekannt. Der Chronist Abt Conrad von Scheyern zog nach seiner Abdankung nach Fischbachau und wurde Rektor des St.-Martin-Münsters. Er blieb im Leitzachtal. Eine Grabplatte im Münster, direkt vor dem Hochaltar, weist auf seine Begräbnisstätte hin.

Obwohl die Pfarrei in Elbach verblieb, wurde Fischbachau durch das Kloster mit dem Martinsmünster und später noch durch die Wallfahrtskirche Bir-

kenstein zum geistigen Zentrum des Leitzachtales. Zu einem Mittelpunkt ganz anderer Art sollten beide Orte jedoch ab dem 17. Jahrhundert werden. Etwa 200 Jahre lang schrieb man bayerische Sittengeschichte durch die Umtriebe der Haberfeldtreiber. »Habergai« oder »Habererwinkel« hat man die Gegend deshalb auch bezeichnet. Haberfeldtreiben nannte man eine Art Volksgericht, bei dem bis zu 300 »Haberer«, vermummte Männer aus den benachbarten Ortschaften, den Delinquenten um Mitternacht aus dem Bett holten, um ihm unter ohrenbetäubendem Lärmen mit verschiedenen primitiven Gerätschaften seine Schandtaten vorzuhalten. Unter den Angeprangerten befanden sich häufig Wirte, Geistliche und Gemeindevorsteher, aber auch solche, die es mit der Treue nicht so genau nahmen und allzu leichtlebige Zeitgenossen; alles Leute, die gerichtlich nicht verurteilbar waren oder nach der Volksmeinung für ein Vergehen zu gering bestraft wurden. Durch ihre düsteren Verkleidungen, Masken und geschwärzten Gesichter und dem Zeitpunkt ihres Auftretens blieben die Haberer unerkannt. Dazu trug auch noch bei, daß nie einer aus dem Ort des Geschmähten dabei war. Es ist weder geklärt, woher der Name Haberfeldtreiben stammt, noch wo der Ursprung dieser Volksgerichtsbarkeit liegt. Die früheste Erwähnung eines Haberfeldtreibens finden wir in der Chronik des oberen Leitzachtals von Josef Brunhuber. Der Wirt von Marbach, Christoph Hafner, erschlug demnach 1675 den Fischbachauer Gerichtsdiener Kaspar Bichler in seiner Wirtschaft, weil dieser auf einen Haberer geschossen hatte. Ob dieser Schuß tödlich war, läßt Brunhuber offen. Ein Todesopfer forderte aber ein anderes, sehr bekannt gewordenes Haberfeldtreiben. 1790 erschienen die Haberer vor dem Benediktinerkloster Fischbachau, um gegen den Propst zu treiben, der ein arg liederliches und ausschweifendes Leben führte. Der Propst wollte dies jedoch nicht so einfach hinnehmen und erschoß einen Tiroler unter den Treibern. Da diese Tat wegen des hohen Standes der geistlichen Person nicht geahndet wurde, geschahen plötzlich seltsame Dinge. Die Felder des Propstes wurden verwüstet, sein Vieh versprengt, Fischbehälter entleert, das Bier verdorben und noch vieles mehr. Da man keines Menschen habhaft wurde, verließ der Propst entnervt das Kloster, und der Spuk hörte unvermittelt auf.
Von Haberfeldtreiben betroffen waren

Beim Jodelbauer in Hagnberg reicht Eva dem Adam den Apfel ums Hauseck herum.

auch Hundham und ganz besonders Irschenberg, bei dem man sogar vom »Habererdorf« sprach. Der Grund dafür war der damalige Pfarrer, der es mit der Sittlichkeit nicht sehr genau nahm. Damit solche Treiben nicht schon vorher bekannt wurden, mußten die Treffpunkte gut gewählt sein. Im Leitzach- und Mangfalltal eigneten sich dazu wohl am besten die zahlreichen Mühlen mit ihren lauten Wasserrädern, die ein Belauschen unmöglich machten. Aber nicht nur wegen dieser Geheimniskrämerei ließen Gendarmerie und Justiz die Haberer lange Zeit unbehelligt; man tat ihr Tun eher als groben Unfug ab. Diese Einstellung änderte sich jedoch gegen Mitte des 19. Jahrhunderts, als die Übergriffe auf Menschen massiver wurden und zunehmend Sachbeschädigungen vorkamen. Die Landgerichte Miesbach und Aibling hatten denn auch alle Hände voll zu tun, um die Treiben in den Griff zu bekommen. Insgesamt sind drei Todesfälle im Zusammenhang mit Haberfeldtreiben verbürgt. Als die Strafen drastischer wurden, bröckelte die Front der Haberfeldtreiber ab, und die Unterstützung aus der Bevölkerung blieb mehr und mehr aus. Das Haberfeldtreiben fand allerdings noch in weiten Teilen des Oberlandes statt, während es im Leitzachtal selbst immer seltener wurde. Die letzten Haberfeldtreiben im Leitzachtal waren 1847 in Bayrischzell, 1849 in Fischbachau, 1862 in Marbach und 1863 bei Elbach. Ein im Jahre 1906 in Elbach geplantes Treiben kam wegen Verrat und mangels Beteiligung nicht mehr zustande.

Das herbstliche Leitzachtal mit der Kirche von Elbach. Darüber Aiplspitz, Jägerkamp und Brecherspitz.

Wenn der Kiesel in meiner Hand vom Breitenstein über den Marbach in die Leitzach gelangte, dann ist er auf der Grenze der beiden Gemeinden Fischbachau und Elbach entlanggewandert. Dann kam er aber auch bei der Wirtschaft vorbei, dessen Wirt in der zweiten Hälfte des 17. Jahrhunderts in der Geschichte des Leitzachtales immer wieder einmal eine Rolle spielte. Wir dürfen die Wirtschaft von Marbach als eine der ältesten Lokalitäten hier betrachten, wesentlich älter aber ist die Geschichte des nächsten Ortes Elbach und seiner Pfarrei. Die Entstehung Elbachs datiert man auf die Zeit um 700 n. Chr. Jedenfalls dürfte es schon lange vor dem Erscheinen der Gräfin Haziga Pfarrei gewesen sein. 1078 wird ein »Elhpach« als bischöflicher Hof Freisings erwähnt. Auch die älteste Kirchengründung im Tale dürfte Elbach zukommen. Um diese Kirche, die Blutkirche, ranken sich viele Sagen und Legenden. So sollte sie ursprünglich in Hundham errichtet werden, doch die Zimmerleute verletzten sich ständig. Die blutigen Späne wurden von weißen Tauben nach Elbach gebracht und dort abgelegt. Als man darauf aufmerksam wurde, baute man die Kirche an eben dieser Stelle. Der Name der Blutkirche stammt aber nicht von dieser Sage, sondern von einer späteren Legende, der zufolge bei Umbauarbeiten ein schwarzer Hahn aus der Baugrube eine Hostie zog. Diese fing an zu schweben und legte sich von selbst in einen Kelch. Dort aber begann sie derart zu bluten, daß Kelch und Pfarrer davon befleckt wurden. Viele Wallfahrer pilgerten daraufhin zum Blutkelch nach Elbach. Aber als in der Pestzeit der Pfarrer eines der ersten Opfer des schwarzen Todes wurde, verschwand der Kelch aus der verwaisten Kirche und wurde nie mehr aufgefunden. Die jetzige Blutkirche entstand 1669/70 und ist vor allem wegen der reichen, leicht naivkünstlerischen Barockausstattung mit Schlierseer Stuck sehenswert. Bekanntester Vertreter dieses Stils und Erbauer der Blutkirche war der Baumeister Jörg Zwerger, der unter anderem noch die Kirchen von Fischhausen bei Schliersee und Westerndorf bei Rosenheim schuf. 1984 bis 1987 liebevoll renoviert, erstrahlt die Blutkirche in neuem Glanz und ist so unbedingt ein Kleinod im Leitzachtal. Die Pfarrkirche unmittelbar daneben entstand nur kurze Zeit später, im Jahre 1689.

Die Leonhardifahrt in Hundham rund um die Kapelle des hl. Leonhard ist eine der größten und ältesten Veranstaltungen dieser Art im gesamten bayrischen Oberland.

In Elbach und dem anschließenden Ort Hundham stehen wir auf dem Boden der wahrscheinlich ältesten Ansiedlungen des oberen Leitzachtals, doch wie so oft sind im Dunkel der Geschichte die Anfänge nicht mehr auszumachen. Die frühesten Landbesitzer im Leitzachtal dürften die Bischöfe von Freising gewesen sein, von denen Gräfin Haziga Fischbachau eintauschte. Weitere Besitzer waren demnach auch die Benediktiner des Klosters Scheyern, deren Hofmark sich im ausgehenden Mittelalter immerhin bis Berbling in der Nähe von Aibling erstreckte. Ihnen unterstand auch die niedere Gerichtsbarkeit, während die höhere Gerichtsbarkeit vom 14. bis zum 18. Jahrhundert bei Aibling lag.

Der alte Ort Hundham ist kirchengeschichtlich nicht groß in Erscheinung getreten, doch sollte er später einmal durch eine Wortspielerei in aller Munde sein: »Lieber in Hundham ein Haus ham, wie in Hausham einen Hund ham«, lautete noch in meiner Kindheit ein geflügeltes Wort, wobei mit »Hund« (Hunt) ein Kohletransportwagen im Bergwerk Hausham gemeint war. Das Bergwerk von 1850, wo die dichteste Braunkohle, die sogenannte Pechkohle, in 700 bis 900 Meter Tiefe gefördert wurde, verzweigte sich mit seinen Stollen bis weit unter das Leitzachtal. Einen Zugang zu diesem Stollensystem gab es von Wörnsmühl aus. 1899 wurde im Ortsteil Drachenthal ein Schacht für den Transport der Schichtarbeiter angelegt. 1966 erst wurde der Abbau eingestellt und die Zeche geschlossen.

Mit Wörnsmühl geht mein gedanklicher Ausflug in die Vergangenheit der Leitzach und seines Tales zu Ende. Dieser unscheinbare Ort, den man auf den ersten Blick nur als Arbeitersiedlung des ehemaligen Bergwerkes einschätzt, war bereits 1183 unter der Regentschaft Kaiser Barbarossas Schauplatz eines Landtags.

Das Murmeln des Flusses holt mich zurück in die Gegenwart. Nachdenklich betrachte ich den Stein in meiner Hand. Seine Leuchtkraft ist erloschen und seine Oberfläche stumpf und matt, als wäre er schon müde von seiner weiten Reise. Doch noch ist sie nicht zu Ende, und so werfe ich ihn zurück ins Wasser. Zahllose Geheimnisse aus der reichen Geschichte links und rechts seines langen Wegs durch Fluß und Zeit trägt er wohl schon mit sich, und bestimmt wird er noch zahllose aufnehmen, bis er in die Mangfall rollt und damit hinaus aus der Leitzach, hinaus aus dem »hellen, über Sand laufenden Wasser«.

Wann i oft 's Wasser seh,
dees d' Leitzach hat,
Denk i halt allemal, es is do scha',
Daß 's a so furt muaß und wandern
muaß geh',
Wo dengerscht Berg und Thal gar so
viel schö'.

Möcht' nit mit ihm geh',
i möcht 's um koa Geld.
Moanet schier gar, i müaßt glei'
aus der Welt.
Kunnt i mei' Dorf und die Berg
nimmer hab'n,
Waar ma' wahrhafti',
als wurd i ei'grab'n.

3. und 4. Strophe des alten Fischbachauer Liedes, 18./19. Jahrhundert

Eile, Leitzach, lichtgebändert,
Murmelt, Wellen, goldumrändert,
Plaudert viel von Volk und Land;
Schenkt der Ufer kühlen Schatten.
Jedem Wanderer; heißt ihn raten,
Wo wohl eure Wiege stand!

»An die Leitzach«
von Ludwig Lechner, 1927

Hoch ragt der Wendelstein über den Talboden des Leitzachtals.

Wallfahrt zur Mutter Gottes

Birkenstein

Mitte des 17. Jahrhunderts wanderte der Pfarrvikar Johann Maier an einem warmen Sommertag wie gewohnt zur Martersäule auf dem »Stein«, um seine Andacht zu halten. Was allerdings nicht üblich war: Maier schlief ein. Im Traum erschien ihm Maria und sprach, sie wolle an dieser Stelle denen, die sie verehrten, ihre Hilfe gewähren. Als Maier daraufhin den Hofmarktwirt zu Marbach, Christoph Hafner, und den Widmeßbauern Michael Millauer um Hilfe zur Erbauung einer Kapelle bat, erfuhr er, daß beide einen ähnlichen Traum gehabt hatten. Mit der Zeit aber geriet das Ereignis wieder in Vergessenheit, und erst unter Pfarrvikar Maiers Nachfolger, Pfarrer Johann Stiglmaier, geschah das für die Kirchengründung entscheidende Ereignis. Der Widmeßbauer Michael Millauer stiftete für die Klosterkirche St. Martin in Fischbachau einen Barockaltar und bekam zum Dank das dortige Gnadenbild (wahrscheinlich aus dem 11. Jahrhundert) geschenkt. Er erinnerte sich wieder an den Traum und wollte das Gnadenbild zur Andacht auf dem Birkenstein aufstellen. Pfarrer Stiglmaier lehnte jedoch ab, weil ihm ein Traum allein als Zeichen für eine öffentliche Verehrung zu gering erschien. Als er jedoch bald darauf schwer krank wurde, legte er das Gelübde ab, mit der ersten Stunde seiner Genesung den Bau einer Kapelle für das Gnadenbild zu beginnen. Am folgenden Morgen stand er gesund auf und machte sich sofort an die Arbeit. In das fertige, noch sehr kleine Gotteshaus brachte Millauer nun sein Gnadenbild. Man schrieb das Jahr 1673. 1710 – zwischen Mai und Oktober – baute man an die Stelle dieser ersten Kapelle das heutige Wallfahrtskirchlein. Bauherr war, ebenso wie bei den Anbauten der Mariä-Schutz-Kirche in Fischbachau, der Maurermeister Hans Mayr d. Ä. von der Hausstatt bei Feilnbach. Auch die Innenausstattung um das Gnadenbild stammt von heimischen Künstlern aus den nahegelegenen Ortschaften Faistenau, Vagen, Elbach, Miesbach und Bad Tölz. Wie bei vielen bayerischen Kirchen zu dieser Zeit diente das heilige Haus des bekannten italienischen Wallfahrtsortes Loreto in der Nähe von Ancona als Vorbild. Bekanntlich soll es sich ja dabei um das Haus der Heiligen Familie in Nazareth handeln, das der Legende nach 1294 von Engeln nach Loreto gebracht wurde. Seine Ausmaße wurden auf viele Kirchenräume übertragen.
Mit der Fertigstellung der Kapelle setzte ein Zustrom von Frommen ein, der mit Ausnahme der Säkularisationszeit nicht mehr abriß und Birkenstein schon bald zu einem der bedeutendsten Wallfahrtsorte im bayerischen Oberland machte. Unter die einfachen Pilger mischten sich alsbald auch Angehörige des bayerischen Königshauses, zu denen 1823 auch König Max I. zählte. Literarisch gewürdigt wurde Birkenstein vor allem durch die Schriftstellerin Lena Christ. Birkenstein ist Schauplatz in ihrem Roman »Mathias Bichler«. Die Geschichte spielt um 1800. Die Hauptfigur, ein Findelkind aus Sonnenreuth auf der Südseite des Auerberges, macht mit 12 Jahren wegen einer verlaufenen Kuh eine Wallfahrt nach Birkenstein. Wer könnte den Eindruck, den das Gnadenbild auf den Jungen machte, wohl besser beschreiben als Lena Christ: » Heißa! Riß ich da die Augen auf! In einem magischen roten Licht, umgeben von goldgeflügelten Cherubinen und kleinen Engeln, die auf rosenrot leuchtenden Wolken schwebten, stand die Mutter mit dem Kind. Beide trugen goldene, steingeschmückte Kronen und reichverzierte Prunkmäntel; insonderheit der schwere, weitausgebreitete Purpurmantel unserer lieben Frau erregte in mir Staunen und Verwunderung. Das Bild schien mir zu schweben, und bei dem unsteten Schein der vielen Kerzen glaubte ich fast, es lebe; denn es stand frei, hoch über dem Altar, und hielt ein Zepter mit so lieblicher Gebärde, wie nur ein lebendes Wesen dies tun kann. Und ich dachte, wie es doch möglich wäre, ein solch köstliches Werk zu schaffen und aus dem ungefügen Holz zu schneiden; denn der Weidhofer hatte mir erzählt, daß es holzgeschnitzt und bemalt sei. Und mit einem Male trat ein Wunsch auf meine Lippen, an den ich noch nie zuvor gedacht: Ich möchte ein solcher Meister werden, wie der dieses Bildes einer gewesen!« Auf dem Nachhauseweg aber wird Mathias Bichler bei einem Handgemenge mit einem Burschen so

schwer verletzt, daß er zeitlebens ein Krüppel bleibt. Durch seine Behinderung muß er in seinem Leben viel erdulden, doch trotzdem erfüllt sich sein Traum ein Schnitzer zu werden, der ähnlich »köstliche Werke aus dem ungefügen Holz« erschafft, wie das Gnadenbild von Birkenstein.
Auch der viel zu wenig geschätzte Dichter Karl Stieler (1842–1885) erwähnt Birkenstein 1868 in seiner Abhandlung über Bittgänge im bayerischen Hochland. Darin merkt er an, daß der Marienkult in Bayern so verbreitet ist, daß etwa 60 Prozent der jungen Mädchen Maria hießen. An die erste Stelle der marienverehrenden Orte setzt er Birkenstein, weil eben zwischen Isar und Inn alles dorthin wallfahre. Zugleich aber beschwichtigt er die Befürchtung, daß auf so einem Bittgang allzuviel gebetet werde, denn die langen Anmarschwege nach Birkenstein über Berg und Tal seien dazu viel zu weit und mühsam. Über die Kapelle selbst weiß Stieler zu berichten, daß »man richtig erschrickt, wenn man sieht was einem alles passieren kann«. Decken und Wände seien nämlich über und über voll mit Votivtafeln und in Wachs gegossenen Gliedmaßen zum Andenken an wunderbare Errettungen.

Wer Birkenstein selbst besucht – mit dem Auto über Fischbachau, zu Fuß über die Berge oder durchs Leitzachtal – und einen Wallfahrtsort im üblichen Sinne erwartet, wird enttäuscht, denn er findet keinen ausufernden Kommerz und keine zur Schau gestellten Krücken und Rollstühle. Er findet auch keinen

1911 feierte man das 200jährige Bestehen der Wallfahrtskirche.

Zentrum der Marienverehrung in Birkenstein ist das Gnadenbild aus der Kirche von Fischbachau.

Blick durch das Breitensteinfenster auf Fischbachau.

Dom, keine Kathedrale oder sonst ein ehrfurchtgebietendes Bauwerk vor. Ihn erwartet lediglich eine nach außen hin bescheidene kleine Kirche, mehr eine Kapelle. Doch zahlreiche Votivtafeln geben Zeugnis davon ab, daß hier trotzdem, oder gerade deshalb, viele Zufluchtsuchende Trost und neue Kraft fanden. Wer nun über die hölzernen Stufen an der Außenseite zum Laubengang oberhalb der kleinen Grabeskapelle gelangt, der kann in einer Bildergeschichte - in Hufeisenform um die Kapelle angelegt - den Werdegang der Baugeschichte ablesen. Wieder waren es einheimische Künstler aus Vagen, die diese Bildergeschichte schufen. 1710 von Daniel Viechtner gemalt, wurden Bilder und Text 1761 von J. G. Waidinger erneuert. Wer sich bis zum Eingang der Kapelle vorgelesen hat und dann in den Kirchenraum eintritt, der ist erst einmal sprachlos. Er wird von einer Fülle von Figuren, Symbolen, Gemälden, Gold und Silber auf kleinstem Raum überrascht – Rokoko in höchster Vollendung. Um diesem Zauber zu erliegen, muß man nicht einmal besonders gläubig sein. Aber nicht nur die Innenausstattung beeindruckt, es ist vielmehr die harmonische Wirkung der kleinen Kirche im stillen Winkel des Leitzachtales, umrahmt von Wäldern und Bergen und eingebettet in einen lichten Birkenhain. Letzterer ist es auch, der, um 1700 gepflanzt, dem Ort seinen Namen gab. Vorher hieß er »Fischbacher Berg« oder einfach »am Stoa«.

Auf dem Kalvarienberg.

Man kann aber nicht über Birkenstein berichten, ohne auf eine andere Leistung als die der Seelsorge einzugehen: Lange Zeit wurde auf dem Birkenstein Schulunterricht abgehalten. Der erste Klausner und Lehrer war der Eremit Bruder Heinrich Märkl von Alb an der Südseite des Irschenberges, der Stätte des irischen Wanderpriesters Anian. Er baute eine Klause an die Birkensteiner Kapelle und bekam von der Propstei Fischbachau jährlich 1 Scheffel Roggen und 25 Pfund Schmalz, damit er der Gemeinde aus Mangel an Nahrung nicht zur Last falle.
Feinsäuberlich hat der Leitzachtal-Chronist Josef Brunhuber 22 weitere Lehrer aufgeführt; Klausner, Eremiten, Organisten und auch einen ehemaligen Soldaten. Ein Kapitel für sich

muß der Klausner Bernard Glaswinkler in den Jahren von 1802 bis 1809 gewesen sein, von dem Brunhuber zu erzählen weiß, daß er sich mehr im Wirtshaus aufhielt, Wallfahrer hänselte und obendrein wilderte. Ein Ärgernis war wohl auch sein Gesang, »denn als Organist und Kantor in der Pfarrkirche dient er mehr zur Störung der Andacht und zum Ärgernis, wegen seiner äußert geringen musikalischen Kenntnisse und dem wirklich unausstehlichen Geschrei, womit er uralte und höchst verunstaltete Lieder zu singen pflegt«. Die Schule am Birkenstein kam während dieser Zeit so sehr in Verruf, daß sie beinahe aufgelöst und nach Fischbachau verlegt worden wäre. Nach Glaswinkler kamen aber wieder Klausner, die ihre Tätigkeit ordentlich ausübten und so den eigenwilligen Eremiten bald vergessen ließen.
Am 22. März 1849 übernahmen die Armen Schulschwestern die Schule und lehrten 117 Jahre bis zum 3. Dezember 1966. Mit ihrem Einzug wurden Mädchen und Buben getrennt unterrichtet, und als man 1892 in Fischbachau ein eigenes Schulhaus baute, war Birkenstein nur noch Mädchenschule. Mit dem Neubau der Fischbachauer Schule 1966 konnten die zwei kleinen Klassenzimmer in Birkenstein dann aber nicht mehr länger konkurrieren. Die traditionsreiche Schule wurde geschlossen.
Mit den Armen Schulschwestern ist ein Name untrennbar verbunden, dem Birkenstein sehr viel zu verdanken hat: Georg Lankensperger. 1839 ließ sich der wohlhabende Hofwagenfabrikant und Erfinder einer Achsschenkelsteuerung auf dem Birkenstein häuslich nieder. Sein Haus gibt es noch, es ist heute der Pfarrhof. Niemand weiß genau, was den erfolgreichen Handwerker und Geschäftsmann bewegte, die Haupt- und Residenzstadt München zu verlassen und ins abgelegene Leitzachtal zu ziehen, jedenfalls gefiel es ihm sehr gut. Für Birkenstein war er ein großer Segen, denn zu dieser Zeit stand es schlimm mit Schule und Kapelle. Noch lagen die Schatten der Säkularisation über dem Land. Die Benediktiner in Fischbachau waren abgezogen, die Klausnerstelle aufgegeben und die Kapelle heruntergekommen. Georg Lankensperger machte sich an die Arbeit. 1840 stellte er Geld für eine Wallfahrtspriesterstelle zur Verfügung,

Birkenstein liegt zu Füßen des Breitensteins in einem stillen Winkel des Leitzachtals.

Die »Schlafende Jungfrau« mit Breitenstein, Wendelstein, Soin, Wildalpjoch und Hochsalwand (von rechts).

Die Soinalm (1526 m) mit See vor den Nordabstürzen des Wildalpjochs (1720 m).

und 1842 legte er dem Königlich Bayerischen Landgericht Miesbach einen Plan für eine Stiftung vor, nach der die Armen Schulschwestern zur Erziehung der Mädchen nach Birkenstein gerufen werden sollten. In diesem Plan hatte er alles auf das genaueste bestimmt, von den Besitzverhältnissen bis zur Art des Unterrichts.
Ebenso regelte er das Finanzielle zugunsten der Schwestern und wendete jede Gefahr für den Besitz und das Ansehen des Hauses ab, indem er verfügte, daß seine volljährige Tochter im Falle einer Verehelichung auf das Eigentumsrecht verzichten müsse und Gebäude und Garten dann in den Besitz der Stiftung übergehen sollten. Dafür aber hätten die Schulschwestern »die Reinigung und Zierde der Wallfahrtskapelle über sich zu nehmen«. Diesem Wunsch wird noch heute entsprochen.
Der gute Mann hatte sich aber alles etwas zu einfach vorgestellt, denn Bauvorschriften und der Amtsschimmel machten einem damals schon das Leben schwer. Resignierend stellte er fest, daß er nicht verstünde, weshalb immer jemand gegen seine Stiftung sein könne, da sie doch so eine gute Sache für die weibliche Schuljugend wäre, wo doch bei den Hochzeiten die Bräute oft schon mehr uneheliche Kinder vorzuweisen hätten als später eheliche!
1844 baute Lankensperger das Klostergebäude. Wegen des nicht genau eingehaltenen Bauplans nahmen die Querelen bis zu seinem Tode kein Ende. Er starb 68jährig am 11. Juli 1847 und wurde an der Südwand der kleinen Kirche Mariä Schutz in Fischbachau beigesetzt. Zwei Jahre später erfolgte die Erlaubnis der Regierung zur Übernahme der Stiftung durch die Armen Schulschwestern.
Die Armen Schulschwestern wissen es wohl zu schätzen, daß sie Lankensperger auf den Birkenstein holte, denn sie sind sich der Bevorzugung ihres Winkels durch die Natur wohl bewußt. Wer sich ein Bild davon machen möchte, der sollte im Spätherbst kommen, wenn das Laub der Birken beinahe in derselben goldenen Farbe wie die Engel und Putten im Innern der Kirche leuchtet. Dann ist auch die beste Zeit für eine kleine Wallfahrt zu Fuß entlang der Hänge des Schwarzen-, Durhamer und Marbacher Berges, vor Augen ständig das Panorama der Schlierseer Berge und des Breitensteins. Der Weg führt von Hundham über die beschaulichen, schmucken Orte Schwarzenberg, Greisbach, Dürnbach, Buch und über das Schluchtcafé und die Schwaigeralm, früher bekannt für ihren Geißbock mit seinen unglaublich großen Hörnern. Abwechslungsreich geht es über Wiesen, durch Wälder und kleine Schluchten.
Vor allem im Oktober umfängt einen das Leitzachtal mit einer unbeschreiblichen Ruhe, mit klarer Luft, einer freien Sicht auf die Berge und einer Farbenpracht, die ihresgleichen sucht. Grüne Wiesenmatten, goldgelbe Blätter und tiefblauer Himmel bestimmen das Bild – Balsam für Seele und Gemüt und Medizin gegen die Hektik des Alltags.
Wem diese Route für eine Wallfahrt zu kurz ist, der kann sie leicht verlängern, indem er schon in Bad Feilnbach losgeht, oberhalb des Ortes an der »Schönen Aussicht« vorbei zur Tregleralm aufsteigt und dann immer dem Kamm des Schwarzenberges bis zu dessen Gipfel folgt. Vom Gipfelkreuz weg geht es südlich hinab ins Leitzachtal. Etwa beim Wirtshaus Kirchstigl trifft man dann auf den Weg nach Birkenstein.
Wer zurück keinen Abstecher ins Winklstüberl mit seinen bekannt üppigen Kuchenstücken und der größten Kaffeemaschinensammlung Deutschlands in Kauf nehmen will, der bleibt bis zum Wirtshaus Kirchstigl auf der bekannten Strecke, umrundet dann aber den Schwarzenberg nördlich und gelangt ab dem Wetzelsberg wieder schnell ins Tal nach Bad Feilnbach.
Diese Tour erfordert einen vollen Tag und kann ganz schön anstrengend werden, wenn die Oktobersonne noch einmal alle Kraft gesammelt hat, trotzdem ist sie sehr lohnenswert.

D' Buchen und d' Ahorn in Wald
und in Feld
Wachs'n da schöner als sonst
auf der Welt,
Und des schö' Kircherl,
dees Birkastoa hoaßt,
Thuat gar viel Wunder,
wia s' des wohl woaßt!

2. Strophe des alten Fischbachauer Liedes, 18./19. Jahrhundert

Gräben und Straßen, Heilige und Ruinen

Auerberg, Eckersberg und Irschenberg

Als sich vor etwa 15000 Jahren die weit in das Alpenvorland hinausragenden Gletscherzungen der Würmeiszeit langsam wieder zurückzogen, gaben sie eine umgestaltete Landschaft frei. Wo vorher die Ränder des Eises aufragten, befanden sich jetzt die neu geformten Hügel von Auer-, Eckers- und Irschenberg. Das ablaufende Schmelzwasser fräste tiefe Gräben in die steinig-kiesige Oberfläche und zerschnitt die Höhenzüge in mehrere von Osten nach Westen gerichtete Schichten. Es entstanden der Röthengraben, der Kaltenbach und der Köckergraben.
Es dauerte nicht lange, bis sich nach dem Rückzug der Gletscher über die kargen, rauhen Höhen nach anfänglich spärlichem Flechtenbewuchs dichter Urwald ausbreitete. Der Wald lockte das Wild aus den Ebenen an, und diesem folgten die Menschen. Es waren Jäger, deren Lebensweise vom Verhalten ihrer Beutetiere bestimmt wurde. Sie mußten sich den Wandergewohnheiten der einzelnen Wildtiere und der Herden anpassen, und so zogen verschiedene Volksgruppen und Stämme durch die Gegend unter dem Wendelstein.
Bis etwa 6500 v. Chr. dürfte der Mensch noch als Jäger in Sippenverbänden in den Vorbergen gejagt haben, bis er dazu überging, Ackerbau und Viehzucht zu betreiben. Dazu erschienen ihm allerdings die Ebenen um die Flüsse Mangfall und Inn wegen der fruchtbaren Böden geeigneter. Zwischen Götting und Rosenheim konnten zahlreiche Hügelgräber der etruskischen Räter aus der Bronzezeit (2000 bis 1200 v. Chr.) nachgewiesen werden, was auf eine ziemlich dichte Besiedlung schließen läßt. Den Rätern folgten die ziemlich hochentwickelten Illyrer der Hallstattkultur, doch Ausgrabungen und Funde, die auf Siedlungen der beiden Volksgruppen oberhalb der Niederungen hinweisen, fehlen. Ob und, wenn ja, welche Kulturen sich dort oben zu jener Zeit aufhielten, liegt im dunkeln. Erst die anpassungsfähigen und wendigen Kelten hinterließen ab etwa 500 v. Chr. auch auf den Höhenzügen spärliche Spuren. Den Kelten fällt denn auch die größte Bedeutung unter den Völkern der Bronzezeit, der Hallstattkultur und der Latènezeit zu. Die einstige »Stiegelburg« bei Staudhausen war eine keltische Gründung. Sie befand sich an einem Ausläufer des Irschenberges direkt über der Ebene. Wenn es noch andere Volksgruppen gab, die sich die Höhen auserkorten, so verloren sich jedoch ihre Spuren im Lauf der Zeit.
Deutlicher nachweisbar tritt das Gebiet erstmals mit den Römern in Erscheinung. Plinius d. Ä. gibt das Jahr 15 v. Chr. für die Unterwerfung zahlreicher vindelicischer und rätischer Gebirgsstämme an. Er spricht in diesem

Der Bau der Autobahn München–Salzburg, die 1935 eröffnet wurde.

Auf dem Deckengemälde des hochbarocken Fischbachauer Münsters verteilt der Kirchenpatron St. Martin Almosen.

Zusammenhang von den Cosuaneten, Rucinaten, Licaten und Catenaten. Letztere siedelten etwa zwischen dem Starnberger See und dem Inn. Das heutige Ober- und Niederbayern südlich der Donau wurde nach der Unterwerfung in die beiden römischen Provincen Noricum (östlich des Inns) und das für uns bedeutsame Rätien (westlich des Inns) aufgeteilt.
Es gibt allen Grund anzunehmen, daß die Orte Au (Aurisium) und Dettendorf römische Siedlungen oder Außenposten der Römerstation Pons Aeni (Innbrücke) bei Pfaffenhofen, nördlich von Rosenheim, waren. Au lag an einer Römerstraße und bot einen Übergang über den damals noch reißenden Aubach, und in Dettendorf stand wahrscheinlich ein Kastell. Wie es scheint, lagen beide Orte an ein und derselben Straße, die oberhalb der sumpfigen Niederungen, aber noch am Fuße der bewaldeten Höhenzüge entlangführte. Sie mündete kurz nach Oberstaudhausen in die Hauptroute, die wichtige Verbindung Iuvavum (Salzburg) – Augusta Vindelicum (Augsburg). Diese verlief nämlich mit ziemlicher Sicherheit von Pons Aeni entlang der Mangfall nach Isiniscu (Helfendorf). Noch im 19. Jahrhundert müssen ihr Verlauf gut erkennbar und Reste einer reichen römischen Herrschaftsvilla mit Fliesenfußboden und Wasserleitung in ihrer Nähe gut erhalten gewesen sein. Weiter in den höher gelegenen Urwald vorzudringen mögen die Römer wenig Lust verspürt haben, allein schon, weil es damals noch von Wölfen und Bären wimmelte; bestimmt aber auch, weil den sonnenverwöhnten Kriegern das Klima in diesen Höhen zu rauh war. Darum dürften Auer- und Eckersberg auch nicht vor 1000 n. Chr. urbar gemacht worden sein. Niklasreuth etwa wird erstmals im Jahre 1315 urkundlich erwähnt.
Anders verhält es sich mit dem Irschenberg. Der Name bezieht sich auf das lateinische Ursus (Bär), ist also römischen Ursprungs und deutet damit an, daß er den Römern nicht unbekannt war. Ob allerdings Römerstraßen über ihn geführt haben, mag dahingestellt bleiben, doch der Einfluß der nahen Hauptstrecke nach Augsburg kann sich durchaus auf das Leben der Anwohner ausgewirkt haben; Straßen brachten stets Kontakte, Handel und Wandel. Dadurch hatte dieser Bereich einen Vorsprung in der Entwicklung gegenüber den abgelegeneren Regionen. Nicht von der Hand zu weisen ist auch die strategisch äußerst günstige Lage dieses Tafelberges, denn von keiner Erhöhung sonst konnte man das Umland so gut überblicken – vom wichtigen Inntal mit der Grenze zur Provinz Norica und vom flachen Hinterland mit der Mangfall bis zum Hochgebirge.

Nach dem Zerfall des römischen Imperiums und den Auflösungserscheinungen der Provinz Rätien um 500 n. Chr. liegt die politische Zugehörigkeit des Gebietes und die Art der Besiedlung vollkommen im dunkeln. Aus dieser Zeit stammt auch ein Grabfund von 1940 in Götting. Man stieß auf eine gegossene Bügelfibel aus Silber, eine halbrunde Kopfplatte, einen Fuß und einen knöchernen Kamm. Den Fundstücken nach muß es sich um eine Frau, eine Adelige aus einer ostgermanischen Volksgruppe, gehandelt haben. Ein Umstand, der eher verwirrt als daß er zur Klärung der damals vorherrschenden Bevölkerung beiträgt.
Erst wenn im 6. Jahrhundert die Bajuwaren von Böhmen her kommend auf den Plan treten, wird die Siedlungsgeschichte langsam überschaubarer. Es ist zwar ungewiß, ab wann man sie erstmals in Verbindung mit Auer-, Eckers- und Irschenberg bringen kann, aber bald nach ihrem Erscheinen sollten zwei Männer die Geschichte um diese drei Berge nachhaltig beeinflußen.

Gemeint sind der irische Wanderbischof Marinus und sein »Schwestersohn« (Neffe), der Diakon Anian. Sie kamen aus Rom von der Bischofsweihe und blieben 40 Jahre als missionierende Einsiedler auf der Südseite des Irschenberges. Eines Tages im Jahre 697 wurde Marinus überfallen, aus der Klause gezerrt und bei lebendigem Leibe verbrannt. Als Täter werden Wenden angeführt, die, wie man annimmt, zu jener Zeit häufig in dieser Gegend umherstreiften. Die grausame Tat soll nur deshalb geschehen sein, weil sich Marinus weigerte, seine Zelle zu verlassen. Auf der anderen Seite des Röthengrabens starb im selben Augenblick durch die große geistige Verbundenheit der beiden auch sein Glaubensgefährte Anian. Über den Hergang der Bluttat gibt es verschiedene Auslegungen und Legenden, doch wurde die erzählte Version über Jahrhunderte hinweg überliefert. Zuerst in Au begraben, holte man schließlich die Gebeine von Anian und Marinus an die Stätte ihres Wirkens

Im Bilderbuchort Niklasreuth ist die Kirche noch »im Dorf geblieben.« Im Hintergrund rechts die höchste Erhebung des breiten Irschenbergs, die »Aussicht« (751 m), mit dem hohen Spitzturm der Dorfkirche; darunter die Wallfahrtskirche Wilparting.

zurück, wo sie heute noch in der barokken Wallfahrtskirche Wilparting ruhen. Nur einmal mußten sie noch ihr spätgotisches Hochgrab verlassen, als die sterblichen Überreste im Herbst 1723 zur Prüfung nach Freising gebracht wurden. Die Überführung dauerte zwei Tage und wurde zu einem Triumphzug. Der damalige Pfarrer Wolfgang Schmid berichtete in handschriftlichen Aufzeichnungen von der Prozession. Drei Priester, ein Einsiedler, 82 Bauern, der Bräu von Aibling und der Wirt von Vagen begleiteten die sterblichen Überreste. In den Dörfern an der Strecke läuteten die Glocken, überall liefen die Gläubigen zusammen, und in den Kirchen wurden Andachten abgehalten. Erst nach über einem Jahr, nach umfangreichen medizinischen Untersuchungen, wurden die Reliquien endgültig für echt erklärt und nach weiteren sieben Jahren an den Ort des Wirkens von Anian und Marinus zurückgegeben.

Zwar haben das Auftreten der missionierenden Wandermönche und die Einwanderung der Bajuwaren im Grunde nichts miteinander zu tun, aber sie spiegeln doch den politischen Hintergrund wider, vor dem die Ereignisse abliefen: Das römische Reich war längst zerfallen, die politische Lage war undurchsichtig. Eine große Völkerwanderung setzte ein, und einst zurückgedrängte kriegerische Bergstämme fielen über das führungslose Land her. In Europa brach die Zeit der Goten, Hunnen, Vandalen, Alemannen und anderen Völkern an und nicht zuletzt die der Bajuwaren. Das Zusammentreffen fremder Kulturen fordert zwangsläufig seinen Blutzoll, und der heimische Bauer gerät allenthalben zwischen die Fronten. Eine unsichere und verworrene Zeit. Unter diesen Voraussetzungen fand das Gewaltlosigkeit predigende Christentum schnell Anhänger. Es ist jedoch anzunehmen, daß die Heilslehre der beiden Iren für die Bevölkerung nichts neues darstellte, denn sehr wahrscheinlich war der neue Glaube, wenn auch stark durchsetzt mit heidnischen Bräuchen, durch die Römer bereits bekannt. Anian und Marinus dürften das, was im Ansatz schon vorhanden war, jedoch vertieft und fortgeführt haben.

Totz allen historischen Unsicherheiten und der weitestgehenden Unbekanntheit der beiden Heiligen außerhalb dieses Gebietes darf man sie wegen ihrer großen Beliebtheit bei der einheimischen Bevölkerung mit Recht unter ihre berühmteren Glaubensbrüder Korbinian, Emmeram, Kilian oder Rupert einreihen. Früher war denn auch der 15. November, der »Mareistag«, wie der Gedenktag im Volksmund genannt wird, in den Gemeinden rund um Wilparting noch ein Feiertag. Obwohl nur etwa 80 Jahre später das Blutwunder des hl. Korbinian in Dettendorf von sich reden machte, können Anian und Marinus als Begründer der Pfarreien östlich und südlich des Irschenberges gelten, und der sakrale Charakter des Landstriches basiert zum größten Teil auf ihrer Glaubensgrundlage. Das Blutwunder stützt sich übrigens auf die Legende, daß das aus der Nase des toten Korbinian träufelnde Blut, aufgefangen und vergraben, 39 Jahre lang bis zum Wiederauffinden nicht geronnen war.
Auch um Wilparting rankt sich eine Legende. Nach ihr sollen im 17. Jahrhundert die Glocken eines Tages von selbst angefangen haben zu läuten, um den Mesner von Frauenried zu wecken, der die Messe verschlafen hatte. So sorgten sich die beiden Heiligen noch 1000 Jahre später um ihre Schäfchen.

Aufschlußreicher als die Legenden ist die Geschichte der Pfarreien selbst. Peter Pfatrisch, Kooperator zu Irschen-

Der Bildstock in Pfaffing erinnert an eine alte Salzstraße.

berg und Pfarrvikar in Schönstätt hat 1860 eine Chronik über die Pfarrei Irschenberg geschrieben. Er berichtet darin von acht Kirchen, die zum Zeitpunkt der Niederschreibung zur Pfarrei gehörten: Irschenberg, Wilparting, Alb, Pfaffing, Dettendorf, Kematen, Frauenried und Niklasreuth. Interessant ist, daß er ausgerechnet Pfaffing am Osthang des Irschenbergs, den kleinsten Ort, als die älteste Pfarrei der Umgebung bezeichnet. Die kleine Kirche unmittelbar an der Autobahn dürfte allerdings aus dem 16. Jahrhundert stammen, die ursprüngliche Pfarrkirche soll 907 bei Überfällen mitsamt dem Dorf restlos zerstört worden sein. Für seine Zeit in Irschenberg beklagt Pfatrisch, daß wegen der vielen Einöden, weitentlegenen Ortschaften, tiefen Gräben und unebenen Lage die Pastoration höchst mühsam sei. Kriegswirren, Feuersbrünste und Raubüberfälle machten den Kirchen schwer zu schaffen, keine blieb davon verschont. Den bewegtesten Werdegang hat dabei der Kirchturm der Irschenberger Johanneskirche zu verzeichnen. Im Dezember 1691 wurde das gesamte Gotteshaus durch einen Brand so schwer beschädigt, daß nur noch ein Neubau möglich war. Begeistert berichtet Pfatrisch von einem »schönen Spitzthurm«, der weithin die Höhe des Irschenberges »krönte«. Am 10. August 1758 nachmittags aber schlug der Blitz in den Turm und tötete das 11jährige Mesnermädchen beim Läuten. Der Turm wurde dabei so schwer beschädigt, daß man ihn abtragen mußte. Statt einer Spitze erhielt er nun eine schwerfällige Kuppelform, wie Pfatrisch betrübt feststellt. 1817 schlug abermals der Blitz ein und beschädigte Turm und Kirchendachstuhl derart, daß beim Brand sogar die Glocken schmolzen. 1860 bedauerte der Kooperator wieder, daß auch diesmal eine plumpe Kuppel aufgesetzt wurde. Was er zum Zeitpunkt des Niederschreibens seiner Chronik nicht wissen konnte: Am 14. Juli 1865 stürzte dieser neue Turm ein, und nun endlich sollte die Kirche wieder einen Turm mit einer schönen Spitze erhalten. Seitdem ist dieser Kirchturm mit 64 Metern der höchste im Landkreis Miesbach und tatsächlich ein Orientierungspunkt. Fünf Stahlglocken rufen die Kirchgänger aus der weitverstreuten Gemeinde, und das große goldene Kreuz dient für kundige Einheimische als Wetteranzeiger, denn wenn es in der Abendsonne hell leuchtet, wird es am nächsten Tag schön, bleibt es aber stumpf, ist mit Regen zu rechnen. Übrigens konnte man Mitte des 19. Jahrhunderts vom »2600 bayrische Fuß« hohen Irschenberg aus angeblich 130 Kirchtürme zählen, 87 sind es immerhin heute noch! Zwei dieser Türme innerhalb der Pfarrei Irschenberg gehören Kirchen mit Wallfahrten zu Marinus und Anian: Wilparting und Alb. In Wilparting steht das spätgotische Hochgrab mit den Reliquien, und in Alb, dem abgeschiedenen Kirchlein des hl. Anian jenseits des Röthengrabens, wird an seiner Todesstelle ein rundlicher Tuffstein aufbewahrt, der ihm angeblich als Kopfkissen diente. Die einstige Eremitage wurde 1374 durch die Kapelle ersetzt, die wiederum 1760 spätbarockisiert wurde. Wilparting ist wesentlich älter, aber nicht mehr genau zu datieren. Der heutige barocke Bau stammt aus dem Jahre 1724. Seine Silhouette vor dem Breiten- und Wendelstein ist wohl eines der eindrucksvollsten Bilder ganz Bayerns. Beide Kirchen, Wilparting und Alb, sind durch einen stillen Waldweg über den Röthengraben, den wahrscheinlich einstmals schon Anian und Marinus abschritten, verbunden.
Das Dorf Irschenberg machte aber nicht nur als Pfarrei der beiden Heiligen und durch den Turm seiner Pfarrkirche von sich reden. Dort wurde von 1451 bis 1552 Kirchengeschichte geschrieben, so lange war Irschenberg Dekanat und umfaßte 23 Pfarreien von Fischbachau bis Tuntenhausen und von Langkampfen in Tirol bis Feldkirchen. Das ist umso erstaunlicher, wenn man bedenkt, daß der Ort selbst zu diesem Zeitpunkt außer der Kirche nicht mehr als acht Häuser umfaßte.

Als Pfarrvikar schrieb Peter Pfatrisch natürlich in erster Linie kirchengeschichtlich Interessantes nieder, doch am Rande findet sich noch so manches andere Wissenswerte. So erfahren wir zum Beispiel von den Auswirkungen der Pest, die 1634 das ganze Oberland überzog. Das Aufzählen der Todesopfer in der Gegend hörte unvermittelt auf, weil es gar zu viele waren. Der Pestgottesacker befand sich stets weit vom Dorf entfernt, in Irschenberg beim Einödhof Imbux (heute Imbuchs), in Niklasreuth beim Furtnerhof (ein Feldkreuz weist auf die Begräbnisstätte hin) und in Au in der östlichen Ebene (die Verbindungsstraße Rosenheim–Au führt unmittelbar am Grabhügel mit dem Pestkreuz vorbei). Besonders tragisch traf die Seuche die Familie Furtner aus dem erwähnten Hof. Die Überlieferung berichtet, daß bei ihr die schreckliche Krankheit besonders schlimm wütete. Nur ein kleiner Junge überlebte die Pest, doch weil ihm keiner aus Angst vor Ansteckung zu essen gab, mußte er verhungern. Aber nicht nur die Pest, auch kriegerische Auseinandersetzungen forderten von der Bevölkerung ihre Opfer. In der Sendlinger Bauernschlacht bei München fielen 35 junge Burschen aus der Umgebung Irschenbergs, 15 allein in der denkwürdigen Mordweihnacht 1705. Sie waren wie viele Gesinnungsgenossen ausgezogen, um sich der drückenden österreichischen Besetzung zu erwehren.

Es sind nicht immer nur die großen Pfarreien und Kirchen, die mit einer reichen Geschichte aufwarten können. Nicht minder interessant kann es sein, den Ursprüngen vieler Kapellen auf den Grund zu gehen. Oft verbergen sich dahinter Schicksalsschläge oder in höchster Not ausgesprochene Gelübde. Nicht selten jedoch sind die Beweggründe auch ganz einfach in Vergessenheit geraten oder der Frömmigkeit der Menschen zuzuschreiben. Auf jeden Fall sind sie aus der Landschaft nicht wegzudenken. Drei Kapellen sollen hier stellvertretend für alle anderen stehen; zwei wegen ihrer außergewöhnlichen Lagen, die dritte wegen ihrer besonderen Entstehungsgeschichte. Die Schnellrieder Kapelle ist heute nur mehr sehr schwer zu finden. Früher stand sie auf einer Waldwiese, flankiert

Die längst in Vergessenheit geratene »Langleitenstiege« durch den Kaltengraben stellt die kürzeste Verbindung zwischen den beiden Höhenzügen Irschenberg und Eckersberg her.

von zwei riesigen Tannen. Da deren Wurzeln jedoch mit der Zeit immer stärker nach oben drückten und die Kapelle zu sprengen drohten, mußten sie gefällt werden. Dann wuchs der Wald nahe an das Gebäude heran, und die Kapelle geriet lange in Vergessenheit. Kaum noch jemand weiß über ihre Gründung Bescheid. Der Erbauer war ein Landwirt aus Götting, der so um 1870 fest an eine Marienerscheinung an eben diesem Ort glaubte. Heute ist das kleine Gotteshaus liebevoll restauriert, nachdem es schon fast verfallen war. Die Fehleitner Straße von Götting aus zum gleichnamigen Einödhof führt knapp an ihr vorbei. Kurz nachdem man den Wald erreicht hat, heißt es aufpassen. Rechter Hand zweigt ein schmaler, unbezeichneter Pfad ins dichte Unterholz ab. Folgt man ihm, steht man kurz darauf vor der versteckten Kapelle.
Ganz anders präsentiert sich die Rastkapelle auf halber Höhe des Auerberges. Weithin sichtbar steht sie auf exponiertem Aussichtsplatz hoch über der Ebene des Weitmooses. Von der Ruhebank an ihrer Seite hat man einen freien Blick über die gesamte Rosenheimer Ebene bis zur Ratzinger Höhe im Osten und die Moränenhügel bei Wasserburg im Norden. Über die Herkunft des Namens Rastkapelle gibt es verschiedene Versionen. Eine besagt, daß die Bittgänger zwischen Elbach und Au hier Rast machten, und eine andere, daß einer älteren Bäuerin vom Auerberg der Weg zur Kirche nach Au zu beschwerlich geworden war und sie deshalb nur bis hierher ging. Während im Tal die Messe gelesen wurde, rastete sie hier bis zum Rückmarsch zu ihrem Hof. Gesichert nachzuweisen sind nur die Spenderin, die Reckenbäuerin, und das Gründungsdatum. Bei einer Wanderung treffen wir auf die dritte Kapelle. Als Ausgangspunkt haben wir Au gewählt. Wir marschieren auf wenig befahrener Straße zum Ortsteil Brettschleipfen und steigen den als Kreuzweg angelegten Bergpfad hinauf zur bereits erwähnten Rastkapelle. Nach einer Umschau über das Land gehts durch den Wald bis zum Dürreneck, wo wir auf die Fahrstraße zum Wirtshaus Hocheck gelangen. Bevor wir dieses erreichen, passieren wir rechter Hand direkt an der Straße das dritte kleine Gotteshaus, die St.-Koloman-Kapelle bei Schnitzenbaum aus dem Jahre 1607. Die Gründung beruht auf einer Sage. Nach ihr soll der Bauer von Schnitzenbaum einen Pilger aufgehängt haben, weil ihm dieser drei Rüben gestohlen hatte. Als Strafe mußte der Bauer diese Kapelle bauen. Ein Blick ins Innere zeigte noch bis vor kurzem undeutlich ein Bild des Geschehens, doch der Zustand des Gemäldes wird immer schlechter. Mit dem Wirtshaus Hocheck haben wir den höchsten Punkt (896 m) erreicht und uns eine ausgiebige Brotzeit verdient. Danach steigen wir östlich nach Kogl ab und dann längs des Berges hinunter nach Wilharting und Gottschalling. Über die Fahrstraße von Bad Feilnbach her erreichen wir wieder den Ausgangspunkt Au.

So reich die Landschaft an sakralen Kunstschätzen ist, so wenig hat sie an profanen Bauten zu bieten. Nichts ist erhalten geblieben aus der Zeit der Adelsfamilien und der Feudalherrschaft nach der Landnahme der Bajuwaren ab etwa 500 n. Chr. Eine Burg, angeblich bei Lanzing am Irschenberg, ist nicht mehr nachzuweisen, und von den Kematern und den Adeligen Harrassern ist nichts geblieben als der Dorf- beziehungsweise Hofname. Wer die als Keltengründung bereits erwähnte Stiegelburg oberhalb von Unterstaudhausen zuletzt bewohnte, ist nicht geklärt. Überliefert ist aber, daß die Steine der alten Mauern zum Bau des Schlosses von Pullach bei Bad Aibling verwendet wurden. Die Zeit dafür kann nur sehr grob mit 600 bis 1000 n. Chr. angegeben werden. Auf den Platz der wohl ältesten Festungsanlage in diesem Gebiet deuten heute nur noch die ausgehobenen, jedoch ziemlich zugewachsenen Burggräben mit den Erhebungen des Burgstalls hin. Haften geblieben sind dagegen die Namen der Besitzer zweier weiterer Burganlagen, die wir uns etwas näher betrachten wollen, nämlich die der Waldecker und Falkenstein-Neuburger. Sie haben über Jahrhunderte hinweg den Lauf der Geschichte im nördlichen Land unter dem Wendelstein maßgeblich mitbestimmt. Vor allem den letztgenannten dürfte der Einfluß auf das historische Geschehen nicht schwergefallen sein, zählten sie doch zu den reichsten adeligen Herren Bayerns. Ihre Neuburg war zugleich das Stammschloß der Fagana, einem der fünf bayerischen Herrschergeschlechter, ihre Besitzungen erstreckten sich von der Isar bis zum Inn. Neben den Falkenstein-Neuburgern sind wahrscheinlich noch die Grafen von Wasserburg, von

Hall, von Andechs und Dießen aus den Fagana hervorgegangen. Als Vater der Geschlechter kann man einen Ragino, der um 750 n. Chr. lebte, ansehen.
Zu dieser Zeit etwa dürfte auch die Neuburg entstanden sein.

Besuchen wir sie einmal, die Neuburg, dort wo der Irschenberg unvermittelt ins Mangfalltal abbricht, und Altenwaldeck, die Stammburg der Herren von Waldeck auf dem Auerberg.
Den Platz der ehemaligen Neuburg finden wir leicht von Vagen aus. Wir folgen der steilen Straße, die hinauf zum Irschenberg führt, und verlassen sie auf halber Höhe bei einem aufgelassenen Steinbruch, wo ein unscheinbares Holzschild auf das historische Gelände auf einer kleinen Anhöhe hinweist. Auf einem schmalen Pfad erreichen wir bereits in wenigen Minuten eine kleine ebene Fläche im lichten Hochwald. Im Winter und Frühjahr, wenn noch kein Laub die Sicht versperrt, blicken wir über das weite flache Land des Mangfalltales – eine ideale Stelle für eine Festung, schier uneinnehmbar. Doch was nützen der beste Standort, die dicksten Mauern und die höchsten Zinnen, wenn der Feind aus den eigenen Reihen kommt. Am 7. Oktober 1272 wurde Graf Siboto IV. von Neuburg-Falkenstein von seinem Vasallen Otto von Brannenburg aus unbekannten Gründen im Bade überfallen und erstochen. Einer Sage nach war dem Falkensteiner ein sehr erfolgreicher Überfall auf einen Zug aus mehreren beladenen Handelswagen gelungen, und Otto von Brannenburg beanspruchte einen Teil der Beute, weil das Unternehmen angeblich auf seinem Grund und Boden geschah. Als sich Siboto IV. weigerte, soll ihn der Brannenburger im Schloß aufgesucht und kurzerhand ermordet haben. (Auch der Vater, Siboto III., starb gewaltsam. Nachdem er den vierten Kreuzzug unter Kaiser Barbarossa unversehrt überstanden hatte, ereilte ihn der Tod 1248 im Kerker zu Burghausen. Er war wegen Grafenuntreue verurteilt worden.)
Da seine beiden Söhne politisch keine Macht mehr besaßen, ging mit Siboto IV. die Herrschaft der Neuburg-Falkensteiner zu Ende. Bayernherzog Ludwig II., der Strenge, in dessen Amtszeit das Attentat fiel, zog daraufhin in die verwaiste Burg ein. Von der

Die typische Besiedlungsform von Auer-, Eckers- und Irschenberg sind die zwischen Wiesen und Wäldern weit verstreuten Einödhöfe.

Burg selbst ist so gut wie nichts mehr vorhanden; einige herumliegende Tuffsteine sind die letzten Überreste. Angeblich wurde die gewaltige Anlage durch die Schweden im Dreißigjährigen Krieg zerstört, nachdem der Gärtner die Fallbrücke heruntergelassen hatte. Das darf allerdings angezweifelt werden, denn schon 1562 wurde die Neuburg als »alts abgangens Schloß« bezeichnet. Sie dürfte somit die Zeit des Dreißigjährigen Kriegs wohl kaum mehr erlebt haben. Wie auch immer, mit der Zerstörung verlor auch ein wunderschönes Burgfräulein ihre Spukmauern, die es nach dem Tod als Strafe für ihr geringes Gottvertrauen jede Nacht aufsuchen mußte. Vielleicht jedoch wurde sie von ihrem schweren Schicksal erlöst, da man die Steine zum Bau der Wallfahrtskirche Weihenlinden jenseits der Mangfall verwendete. Anstelle der Mauern ist aber doch noch etwas übriggeblieben, nämlich der einstige Familienname. Der unterhalb der Neuburg liegende Ort heißt Vagen, was von Fagana abgeleitet wird.

Im dichten Wald, im Achtal oberhalb von Au, dort, wo sich Bäche aus Süd, West und Nord zum Aubach vereinen, verbergen sich die spärlichen Überreste der ehemaligen Burganlage von Altenwaldeck. Wandert man den Aubach ab Achtal entlang aufwärts und überquert zweimal links über Stege die Gewässer, so steht man unvermittelt vor einer Weggabelung. Es spielt nun keine Rolle, für welche Richtung man sich entscheidet, denn beide Wege umschließen den Burgberg und treffen sich auf der anderen Seite wieder. Man kann sich hier im fast urwaldähnlichen Gelände nur schwer historische Bauten vorstellen. Doch wenn man die Augen offen hält, bemerkt man bereits am Fuße des Berges vereinzelt Steine mit glatten Flächen, rechtwinkligen Ecken und geraden Kanten; das Werk von Menschenhand. Auf schmalem Pfad und einigen einfachen Stufen geht es jetzt ganz beachtlich aufwärts und man erreicht die kleine Hochfläche des Burggeländes. Hier kann man noch deutlich die Grundrisse der Burg ausmachen. Niedrige Mauerreste sind ganz von Waldboden bedeckt und hohe Bäume recken sich darüber in den Himmel. Doch Moos und Wurzelwerk geben auch immer wieder einen Blick in die Vergangenheit frei. Die Ränder an den steilen Abhängen entlangschreitend, fällt es nicht schwer, die Form der Anlage als ein längliches Dreieck auszumachen. Der Ausblick vom Burgfried mußte einst die Ebene von Au bis hinüber zum Eckersberg umfaßt haben, doch heute ist die Aussicht von dichtem Mischwald verwachsen. Man bleibt still stehen, läßt die Gedanken zurückschweifen in die ferne Zeit, als diese Mauern noch mit Leben erfüllt waren und lauscht den Geräuschen des Waldes: Schwingen da nicht im Rauschen des Laubes das Schnauben von Rössern und das metallische Klingen von Waffen und Rüstungen mit? Doch bevor die Fantasie endgültig mit einem durchgeht: Was wissen wir eigentlich tatsächlich über die alte Burg und das Geschlecht, das einst hier lebte?
Es gibt verschiedene Annahmen, wann der Name Waldeck erstmalig erscheint, er erlischt jedoch gesichert 1483 zu Weihnachten mit dem Tod des letzten verarmten männlichen Nachfahrens Wolfgang von Waldeck. Die Geschichte dieser ehemals reichen Adelsfamilie spielt sich hauptsächlich um ihre Burgen Hohenwaldeck und Waldenburg im Raum Miesbach und Schliersee ab. Hohenwaldeck am Schliersee ist etwa um 1500 verfallen; bei Waldenburg handelt es sich um das heutige Miesbacher Schloß und Gut Wallenburg. Als Stammsitz der Familie aber wird unsere Burg Altenwaldeck am Auerberg angenommen. Der Nebel über der Geschichte Altenwaldecks lüftete sich nie ganz, da Aufzeichnungen über die Gründung gänzlich fehlen. Nicht unwahrscheinlich ist, daß auch die frühen Waldecker aus dem großen Familienverband der Fagana hervorgegangen sind. Ihr Name taucht beständig in alten Chroniken im Zusammenhang mit ihrer Vogtei Hohenwaldeck und mit Stiftungen und Kirchengründungen (Frauenried, Agatharied) auf. Die Kirche von Elbach war wahrscheinlich ein sehr früher Eigenbesitz. Nach dem Aussterben der männlichen Linie ging Altenwaldeck bei der Verheiratung Entrauts von Waldeck mit Hieronimus von Geißeltsdorf in fremden Besitz über. Ab 1580 wurde die Burg nicht mehr ständig bewohnt und verfiel, da sich der neue Besitzer lieber auf seinem Sitz Valley aufhielt. Der Platz des einstigen Stammsitzes Altenwaldeck geriet in Vergessenheit. Ende des 18. Jahrhunderts interessierte sich der Gerichtsschreiber Obernberg wieder für die wenigen Überreste; bis heute jedoch wissen nur noch sehr wenige von der Existenz der ehemaligen Ritter-

burg. Dabei soll der Sage nach unter den Resten der ehemaligen Mauern ein großer Schatz liegen, und runde, flache Steine, die Buben beim Spielen mit nach Hause nahmen, verwandelten sich über Nacht in Goldstücke.

Von Altenwaldeck, der Neuburg und den anderen Adelssitzen ist nicht mehr viel übriggeblieben, aber das ist nicht das einzige, was sie verbindet. Es ist vielmehr ein etwas wehmütiges Gefühl, das sich beim Besichtigen einstellt, denn solche Orte verdeutlichen das Werden und Vergehen menschlicher Werke im Ablauf und Wandel der Zeit. Nicht weit von der ehemaligen Burganlage Altenwaldeck entfernt machte Mitte des 18. Jahrhunderts eine ganz andere Familie Geschichte oder, besser ausgedrückt, Geschichten: die einfachen Bauersleute Schnellsrieder mit ihren bärenstarken Söhnen (nicht zu verwechseln mit dem Erbauer der Schnellrieder Kapelle; Schnell[s]rieder war kein unüblicher Name). Es ist immer wieder faszinierend zu hören, mit welchen übermenschlichen Kräften die Schnellsriederbrüder angeblich ausgestattet waren. So erzählt man, daß sie zum Pflügen keine Rösser benützten, sondern daß zwei der Brüder den Pflug zogen. Stoff, der stärkste der Familie, trug von Rosenheim her ein ½ Scheffel (etwa 1 Doppelzentner) Weizen auf der einen Schulter und lud sich in Au beim Schmied noch eine schwere eiserne Egge auf die andere. Beim Aufstieg nach Schnellsried blieb er lange stehen und unterhielt sich mit einem Holzknecht, ohne die Last abzusetzen. In der auf ein Gelübde zurückgehenden Taxakapelle in Au hat man Stoff zum Dank für seine tatkräftige Unterstützung beim Bau 1748 in einem Deckengemälde inmitten mehrerer Auer Bürger verewigt. Auf dem Bild trägt er einen Stein, den neun Mann nicht schleppen konnten. Wer weiß schon, ob nicht gerade auch dieser

Kematen mit seiner alten Kirche am Osthang des Eckersberges erinnert durch seinen Namen an den ehemaligen Adelssitz der Kemater.

Stein von der Ruine Altenwaldeck stammt?

Heute präsentiert sich die Gegend vom Auerberg bis zur Mangfall – in unmittelbarer Nähe des vom Tourismus bedrängten Wendelsteins – als eine in Jahrhunderten gewachsene bäuerliche Kulturlandschaft, die es verstanden hat, bis in unsere Zeit ihren Charakter zu bewahren. Allenthalben findet man kleine Kunstwerke: Wegkreuze, Bildstöcke und Kapellen. Die mittelgebirgsähnliche Flur wird vor allem durch die vielen Einzelgehöfte und Weiler geprägt, die man häufig dort findet, wo Weide- und Viehwirtschaft betrieben wird. Große Bauprojekte konnten bisher ferngehalten werden, und der Fremdenverkehr spielt eine untergeordnete Rolle. Gräben und Schluchten in beinahe urtümlich belassenem Zustand zerschneiden noch immer die Landschaft und zwingen zu Umwegen. Ganz so wie früher ist es allerdings nicht mehr, als die Hebamme noch auf der Südseite der Kalten wohnte und sie bei einer Geburt auf der anderen Seite erst einmal verständigt werden und dann durch den Graben laufen mußte. Da konnte es schon vorkommen, daß sie nicht schnell genug war. Damit mußte man sich abfinden, und dieses Hinnehmen von Gegebenheiten ist auch heute noch in abgelegenen Höfen zu spüren; Alltags- und Lebensrhythmus haben noch immer nicht die Hektik von Ballungszentren erreicht, auch wenn eine große, pulsierende Verkehrsader, die Autobahn München–Salzburg das Land durchschneidet. Durch sie ist der Name Irschenberg weit über das Gebiet hinaus bekannt geworden; berühmt und berüchtigt wegen der Staus und Unfälle. Dabei wurde die Autobahn in ihren Anfangszeiten ihrem Namen noch kaum gerecht. Nachdem sie 1935 eröffnet worden war, wurde sie noch gerne von Fußgängern und Radfahrern zweckentfremdet. Es gibt deshalb auch einige liebenswerte Episoden, die den geringen Verkehr in den Anfangszeiten verdeutlichen. So erzählte man sich gern von dem Mann, der zu Fuß von München kommend versehentlich kilometerweit an seinem Ziel vorbeimarschierte. Oder von dem Motorradfahrer, der seinen angetrunkenen Mitfahrer verlor und ihn geraume Zeit später selig schlummernd mitten auf der Fahrbahn wieder fand. Und schließlich von dem Alten, der von einem Gendarmen zum wiederholten Mal beim Überqueren der Autobahn erwischt wurde und auf die Mahnung: »Heute sag ich es dir zum letzten Mal!«, geantwortet haben soll: »Warum, kimmst ebba furt?« (Warum, kommst du etwa fort?). Heute quält sich sommers wie winters eine Blechlawine sechsspurig über den Berg. Die Autobahn ist im Laufe der Geschichte die dritte große Querverbindung. Vorher waren es die Römerstraßen und dann die Salzstraßen. Auf ihnen transportierte man schon früh das kostbare Salz aus der Salzburger Gegend nach Tölz und dem westlichen Bayern. Holprige Wege und große Steigungen verursachten Radbrüche und Fuhrwerksunfälle, Schmieden und Wagnereien entstanden entlang der Strecke. Pferde mußten gewechselt und Zwischenlagermöglichkeiten geschaffen werden. Der Name des Weilers »Salzhub« am Irschenberg erinnert noch an eine derartige Station. (Einen Bildstock einer Salzstraße findet man noch im kleinen Ort Pfaffing am Osthang des Irschenberges.) Stets brachten die Straßen fremde Einflüsse und Menschen mit sich, Segen oder Unheil, je nachdem. So ist es auch heute noch. Doch jede Sache hat zwei Seiten. Auf Straßen kommt man nicht nur überall hin, sie führen auch wieder weg. So halten die heute vorbeikommenden Touristen, Ausflügler und Wintersportler am Rasthof Irschenberg zwar oft an, um eine Pause zu machen und die herrliche Aussicht zu bewundern, fahren dann aber wieder weiter.

Es ist des Menschen Leben
Nur ein Dunst und Rauch,
So geht's der Welt mit ihrem
Glanz und Reichtum auch!

Ehemalige Inschrift auf einem alten Irschenberger Bauernhaus

Vom Markt zum Heilbad

Bad Aibling

Aus dem Tegernsee kommt ein kleiner Fluß, der sich meist versteckt und wenig auffällig seinen Weg bahnt, aber doch bedeutend genug ist, dem ganzen Gebirge rund um den Wendelstein seinen Namen zu geben: die Mangfall. Ein Naturereignis führte wahrscheinlich dazu, daß sie heute so fließt und nicht anders, denn angesichts ihrer untypischen abrupten Laufänderung nordwestlich der Leitzacheinmündung spricht eine Theorie davon, daß ihr plötzlich ein Erdrutsch oder eine Vermurung den einstigen Weg nach Norden in die Isar oder in den Inn versperrte. Für die Landschaft unter dem Wendelstein stellte sich dies als ein großer Segen heraus, denn die ausgleichende Wirkung der Mangfall auf das Klima und die große Fruchtbarkeit ihres Schwemmlandes bildeten den Grundstock für eine frühe Kulturlandschaft mit den ersten Siedlungen dieser Gegend. Deshalb reiht sich auch heute an ihrem Unterlauf von Feldkirchen-Westerham bis Rosenheim ein Ort an den anderen. Unter ihnen finden wir an der Mündung der Glonn in die Mangfall die Stadt, die einstmals durch ihre verkehrsgünstige Lage recht bedeutend war: Bad Aibling.

Bad Aibling ist heute ein beschauliches, freundliches Städtchen, dem man seine einstige Wichtigkeit kaum mehr ansieht. Sein Ursprung geht zurück auf ein Römerkastell, das selbst wiederum wahrscheinlich auf den Befestigungswällen eines Zufluchtortes der Kelten errichtet wurde. Das letzte bauliche Überbleibsel aus jener Zeit war bis ins 18. Jahrhundert ein Römerturm, eingebunden in die »Burg« auf dem Hofberg. Als Materiallieferant für den Erweiterungsbau der Pfarrkirche wurde er wohl abgetragen. Angeschmiegt an den erwähnten Hofberg und seine östliche Fortsetzung, den »Klafferer«, liegen seit altersher bunte Häuser an den Ufern des Mühlbachs und der Glonn. Der Name »Klafferer« kommt von »laufendes Brunnenwasser«, es barg die Quelle für die Wasserversorgung; während der Name »Hofberg« besagt, daß oft »Hof« gehalten wurde. In der Tat war er nicht selten Schauplatz historisch bedeutender Ereignisse. Bis 788 lag hier der Herzogshof der Agilolfinger und anschließend der Reichshof der Karolinger. In diese Zeit fällt auch die erste Erwähnung als »Epilinga« (einem »Epilo« gehörend). Um 1000 wurde Aibling eine Vogtei der Neuburg-Falkensteiner, und ab 1272 residierten hier die Herzöge der Wittelsbacher. Das Amt Aibling, das Pflegegericht und das Landgericht übernahmen die Verwaltung, und Kaiser Ludwig erteilte 1321 den »getreuen Bürgern im Markt Aibling die Gnad, daß Sye, oder wer zu in den Markt Aibling fahrt, all die Rechte haben sollen, die die Stadt München hat«.
In der Folgezeit wuchs Aibling durch die sich mehrenden Besitzungen und Grundherrschaften, die unter den Wittelsbachern weit über das Stadtgebiet hinaus reichten. Verschiedene Adelsgeschlechter erschienen in Verbindung mit Aibling, und mehrere Herrensitze entstanden.
Aufgewertet wurde Aibling auch stets durch die Besuche bedeutender Regenten. Unter den frühen Besuchern finden sich König Ludwig der Deutsche und Herzog Ludwig II.
Im Jahre 898 feierte der karolingische Kaiser Arnulf von Kärnten das Weihnachtsfest auf dem Hofe zu Aibling, nicht ahnend, daß es sein letztes sein sollte, denn im nächsten Jahr wurde er vergiftet. Eine der Mitschuld bezichtigte Frau Rodburga wurde daraufhin in Aibling gehängt.

Die Bedeutung eines Ortes ließ sich im alten Bayern nicht zuletzt an der Anzahl der dort gebrauten Biere ablesen. In Aibling wurden im 17. Jahrhundert immerhin sechs Brauereien aufgeführt: der Schuhbräu, die Duschlbrauerei, die Sebastiansbrauerei und der Grafenbräu sowie der Zieglerbräu und bis 1724 das Bräuhaus in der Rosengasse. Sie sind aber zugleich ein Beispiel für den Niedergang, denn sie alle existieren entweder nicht mehr oder sind in den Besitz der Rosenheimer Brauereien übergangen.
Aber die Brauereien sind nicht das einzige, das Aibling im Lauf der Zeit an Rosenheim abgeben mußte. Neben diesem Verlust büßte man 1807 noch die Landgerichtsbarkeit und 1972 den eigenen Landkreis ein. Gewachsen ist dagegen die Bedeutung Aiblings als Bad,

seitdem Mitte des 19. Jahrhunderts der Kurbetrieb aufgenommen wurde.
Doch warum verlor der Markt so viel Schwung bei seiner Entwicklung? Die Antwort läßt sich zu einem Großteil in seiner leidvollen Geschichte finden. Tatsächlich mußte Aibling im Laufe der Jahrhunderte mehr erdulden und erleiden als die anderen Orte ringsum. Es ist schon beinahe ein Wunder, daß seine Einwohner immer wieder die Kraft fanden, auszuharren und auf bessere Zeiten zu hoffen. Blicken wir kurz zurück und verfolgen wir den Leidensweg Aiblings, eine Chronik des Schreckens.

Nach einer Sage machten bereits die Hunnen im 3. Jahrhundert das Römerlager dem Erdboden gleich, das aber ungeachtet dessen wieder aufgebaut wurde. 954 waren es die Magyaren, die das Land verwüsteten und in Aibling alle Einwohner ermordeten. Daß hier Sage und Realität vermutlich sehr nah beieinander liegen, daran ist neben der großen Zeitspanne auch der Verlust aller wertvollen Dokumente bei einem Brand um 1500 schuld, bei dem der gesamte Markt bis auf die Grundmauern eingeäschert wurde. Die älteste erhaltene Darstellung Aiblings stammt denn auch aus dem 16. Jahrhundert. Es ist eine Skizze des Hofberges mit den angedeuteten Dächern der darunterliegenden Häuser des Marktes. In diese Häuser zog 1564 die Pest ein und raffte zahlreiche Einwohner hinweg. Das nächste große Übel im ausgehenden Mittelalter kam in Gestalt des Dreißigjährigen Kriegs über Aibling. 1632 überfielen die Schweden das erste Mal plündernd und mordend den Markt, und das ganze folgende Jahr hindurch waren fremde Truppen einquartiert. Dies war wahrscheinlich auch der Grund, weshalb innerhalb der Mauern des übervölkerten Ortes 1634 abermals die Pest ausbrach, während das Umland größtenteils verschont blieb. Zur Geisel Pest gesellten sich im selben und im darauffolgenden Jahr noch die Unbillen der Witterung. Viel Regen und naßkaltes Wetter ließen das Getreide verfaulen und die Mangfall über die Ufer treten. Die folgende Teuerung bei Korn und Brot führte zu einer großen Hungersnot. Güter und Höfe wurden zu Schleuderpreisen verkauft oder aufgegeben, die Versorgungslage war katastrophal.
Das letzte Kriegsjahr 1648 brachte noch einmal Leid und Schrecken. Die Schweden konnten wegen hohem Wasserstand und abgerissener Brücken den Inn bei ihrem Marsch nach Osten nicht überqueren und mußten nach Norden ausweichen oder im Umland lagern, bis sich die Situation gebessert hatte. Dadurch wurde das Hauptheer aufgesplittert und versprengte Horden verwüsteten kleinere Gemeinden um Aibling. Ein solcher Trupp lagerte auch vor den Toren des Marktes, bei Mietraching. In Überschätzung ihrer eigenen Kampfstärke rückten rund 500 Mann der Aiblinger Bürgerwehr aus und griffen die zuerst völlig überraschten Schweden an. Nach anfänglichen Vor-

Der historische Marktplatz und die Münchener Straße. Seit dem Rathausbrand 1940 hat die Innenstadt Bad Aiblings ein anderes Gesicht.

teilen wendete sich jedoch das Blatt, und die erfahreneren Krieger verfolgten die Aiblinger Bürger bis in den Markt hinein. Der Leichtsinn der Aiblinger endete in einer Tragödie. In einem unbeschreiblichen Gemetzel wurden die Männer der Bürgerwehr getötet. Einzig und allein zwei kamen mit dem Leben davon, weil es ihnen gelang, sich im allgemeinen Durcheinander unbemerkt im Kamin des Grabenschusterhauses zu verstecken. Frauen und Kinder waren vorher schon geflohen, hatten sich in den umliegenden Wäldern versteckt und mußten abwarten, bis die Schweden anderntags wieder abzogen. Von diesem Schock sollte sich Aibling lange nicht mehr so recht erholen. Dazu trug auch noch der Aderlaß an wehrfähigen Männern für die darauffolgenden Türkenkriege bei, denn viele Aiblinger wurden 1664 in das Heer eingezogen. Aber auch die Einquartierungen fremder Truppen in der Folgezeit mit den dadurch entstehenden finanziellen und seelischen Belastungen durch Plünderungen und Übergriffe der rauhen Kriegsleute auf die Bevölkerung ließen Aibling nicht mehr hochkommen. Jetzt wirkte sich die verkehrsgünstige Lage des Marktes an der Verbindungsstrecke von München nach Süden und Südosten nachteilig aus. Immer war Aibling durch sie in irgendeiner Weise von Kriegshandlungen und deren Auswirkungen mittelbar oder unmittelbar betroffen.
Trotzdem gelang es dem Markt, sich in den nächsten Jahrzehnten etwas zu erholen. Schulden wurden abgetragen, Schulen gegründet und Bäume gepflanzt. Doch schon 1701 fiel der Schatten des spanischen Erbfolgekriegs auf den Ort, als eine Kompanie in der Stadt Quartier bezog. Plünderungen und Schäden durch Landsknechte waren weiterhin an der Tagesordnung, es wurde eher noch schlimmer.
Drei Jahre später wurde das Land von den Österreichern in Besitz genommen, da Kurfürst Max Emanuel seine Schlacht gegen Österreich verloren hatte. Die Österreicher besetzten Aibling und stürzten die Bürger in immer größere Schulden. Erst 1715 zogen die Besatzer ab. Doch wiederum sollte nicht viel Zeit zur Regeneration bleiben. Der ausbrechende österreichische Erbfolgekrieg riß Aibling mit in den Strudel der Ereignisse. Österreichisch-ungarische Truppen und kurpfälzisch-bayerische Bataillone zogen brandschatzend durch den Markt, und der Stadtkasse entstanden zusätzlich hohe Kosten für außerhalb stationierte Heere und Kompanien.
1747 und 1765 brachen große Brände aus. Dem letzteren – durch ein schweres Gewitter ausgelöst – fielen neben 27 Wohnhäusern auch die Sebastianikirche und das Rathaus mit den Urkunden und Dokumenten des Marktes zum Opfer.
Nur sieben Jahre blieben den Bürgern, um das Leben wieder zu ordnen, dann wurden Mensch und Tier von einer schlimmen Seuche heimgesucht, mit der abermals eine große Teuerung und Hungersnot einherging. 1788/89 setzten dem Markt ein äußerst strenger Winter und ein schwerer Sturm mit beträchtlichen Folgeschäden zu. Menschliche Schicksale verbergen sich wohl auch hinter dem Erlaß des Befehlshabers eines einquartierten niederländischen Regiments in den Jahren 1798/99, in dem es hieß, daß die Soldaten Mädchen aus der Stadt ehelichen durften.

1800 besiegten die Franzosen unter Moreau bei Hohenlinden endgültig die Österreicher. Vier Monate dauerten die Einquartierungen und Durchmärsche der neuen Herren. Der »Gerichts- und Lehensboth zu Aybling«, Jakobus Müller, notierte darüber in sein Tagebuch: »1800 habe ich 17 Wochen nach und nach 143 in Quartier haben müssen. Ich habe mir oft nit mehr zu helfen gewußt. Denn das Geld hat nit alleweil gelangt.« 1809/10 schlugen 14658 Mann »kayserliche Völker« zwei Tage innerhalb und außerhalb des Marktes ihr Quartier auf und verbrannten alles, was aus Holz war, Säulen, Gartenzäune und dergleichen, in fast 1000 Feuern. Weil auch so viel gestohlen wurde, gruben die Leute die wertvolleren Dinge künftig ein. Sie taten gut daran. Bis 1811 war Aibling ein einziges Durchgangslager und Lazarett zwischen der Residenzhauptstadt München und Kufstein.
Bayern hatte 1805 auf Grund des »Preßburger Friedens« Tirol und Vorarlberg zugesprochen bekommen und das Land besetzt. Als die Tiroler Bauern – angeführt vom Sandwirt Andreas Hofer – gegen die Bayern aufstanden, wurde Kufstein zu einem zentralen Ort für den militärischen Nachschub. Die Festung wurde erbittert umkämpft; dreimal wurde sie 1809 von Tiroler Schützen erfolglos angegriffen.
Aibling, auf halbem Wege zwischen

Kufstein und München gelegen, war Zwischenstation der Versorgungs- und Verwundetentransporte. Selbst in den kleinsten Häusern wurden Soldaten und Pferde untergebracht. Die Bewohner mußten für die Versorgung aufkommen und »Blessierte« pflegen, was nicht gedankt wurde; im Gegenteil, häufig wurde ihnen das Mobilar kurz und klein geschlagen und dazu noch alle Nahrungsmittel weggegessen.
1811 brannten wieder sieben Häuser und vier Stadel im Markt ab. Über die Jahre 1816 und 1817 notierte Jakob Müller: »1816: In diesem Jahr ist die Not so groß gewesen und gar alles was man nur haben muß, das Brot um 1 Kreuzer ist wie ein gar kleines Hühnerei. Man sagt es wird noch teuerer, denn es fehlt auch am König, daß er gar keine Anstalten machte. In Gottes Namen, ich kann mir nichts mehr schaffen, ich gehe wohin, in die Ewigkeit, hernach geht es wie es will, aber das sag ich, daß viel änder die Not ist da, viele verhungern müssen. Zum Betteln schäm ich mich und also kann ich nit mehr leben, Gott muß helfen, sonst ist es gar. Jakob Müller gewester Gerichtsbot in Aybling, der schon 78 Jahr alt ist.
1817: Vom Monat April an gefangen ist die Not gar so groß geworden, daß man das Haferbrot nit genug bekommen hat, viel weniger das andere. Es ist nit auszusprechen, daß einige Leut voll Hunger sterben müssen, und dennoch Getreid in Überfluß, daß man aber solches nit zahlen kann. Korn bis 90 Gulden, Weizen etlich 80 Gulden, Hafer 5–6 Gulden, mit einem Wort ich kann mir selbst nit mehr helfen vor Hunger und hab kein Geld. Merke wohl, was ich da geschrieben hab in der Notzeit.«

Immer wieder von Schicksalschlägen gebeutelt und hineingezogen in den Strudel der geschichtlichen Ereignisse drohte der Markt Aibling immer mehr in der Bedeutungslosigkeit zu versinken. Da kam es gerade recht, daß im 19. Jahrhundert der Beginn des Kurbetriebs einen neuen Aufschwung brachte. Dies hat die Stadt dem königlich bayerischen Gerichtsarzt Dr. Desiderius Beck zu verdanken. Mit den Worten: »Es sind nicht leicht zu viele Bäder vorhanden«, rechtfertigte er 1845 die Eröffnung seiner Soolen-Moorschlamm-Bad-Anstalt (später Ludwigsbad) und machte dadurch Aibling zum ältesten Moorbad Bayerns. Wegen finanzieller Schwierigkeiten wechselten mehrere Male die Besitzer, doch der 1857 erfolgte Bahnanschluß an München brachte einen raschen Aufschwung. Als weitere Badeanstalten folgten: 1871 der Duschlbräu, 1872 das Johannisbad, 1885 das Kurhotel Wittelsbach, 1891 das Alexanderbad (bis 1907), 1894 das Theresienbad und 1904 das Wilhelmsbad. Bereits 1895 verlieh der Prinzregent Luitpold dem Markt Aibling das Prädikat »Bad«. Zustatten kamen dem Ort dieser Entwicklung die nahen Moore. Durch das besondere Wärmeverhalten des Moores – Moor ist ein schlechter Wärmeleiter und kühlt wesentlich langsamer ab als Wasser – kommen Moorbäder vor allem bei rheumatischen, gynäkologischen und urologischen Krankheiten sowie bei degenerativen Knochenerkrankungen und Gelenkarthrosen zur Anwendung. Das Moor wird dazu aus einer Tiefe gewonnen, wo es vollkommen frei von Pilzen und Bakterien ist. Es wird nur einmal verwendet und heute der Landschaft, wo es gewonnen wurde, wieder zugeführt. Für ein Vollbad benötigt man etwa zwei Zentner frisches Hochmoor.
Die große Bettenkapazität in den Kurhäusern und vor allem auch das Vorhandensein entsprechenden Personals ließen Bad Aibling allerdings wieder einmal die Kriegsauswirkungen spüren. In den beiden Weltkriegen wurde es zu einem großen Lazarett umfunktioniert. Besonders während des Zweiten Weltkriegs kam der Kurbetrieb vollkommen zum Erliegen, weil alle Hotels Verwundete aufnahmen und nach dem 1. Mai 1945 für über 3000 Flüchtlinge zur Verfügung stehen mußten. Erst als 1947 wieder die ersten Kurgäste kamen, normalisierte sich das Leben, und der bürgerliche Alltag hielt wieder Einzug. Doch die beinahe schon Tradition gewordene Einquartierung fremder Truppen und Soldaten holte den Ort auch in dieser Zeit wieder ein: In Bad Aibling blieben amerikanische Truppen als Besatzungsmacht.

Als 1933 Bad Aibling zur Stadt erhoben wurde, hatte es mit dem Flugplatz am Westerfeld sogar einen eigenen Flughafen und bekam eine Fliegergarnison, doch die einstige strategische Bedeutung erreichte es (vielleicht zu seinem Glück) nicht mehr.
Die wichtige Hauptverkehrsader der Bahn von München nach Rosenheim läuft heute an der Stadt vorbei. Der Eisenbahnknotenpunkt Rosenheim

drängte Bad Aibling an eine Nebenlinie, und der Autofahrer, der der verstopften Autobahn ausweicht, betrachtet die Stadt mit ihrer engen Durchfahrt nur als lästiges Verkehrshindernis. Die geplante Umgehungsstrecke wird dem Städtchen und dem Kurbetrieb deshalb gut tun. Dennoch bietet Bad Aibling heute schon das Bild dessen, was es trotz aller Widrigkeiten stets geblieben ist, ein Kunststädtchen. Schon immer war Bad Aibling ein bevorzugter Platz von Künstlern aller Richtungen, ganz besonders aber der Maler.

Den Ruf als Kunststadt begründeten zum Beispiel die Kirchenmaler Johann Georg Gaill und sein Sohn Franz von Paula Gaill, der Kirchenmaler Hilz und sein Sohn, der Kunstmaler Sepp Hilz, der Kölner Wilhelm Leibl und sein Freund, der Landschaftsmaler Johann Sperl, der Schwede Brynolf Wennerberg, der nach Bad Aibling evakuierte Leo von Welden sowie die weniger bekannten Eugen Berüff und Alois Brunner.

Wo Künstler sind, findet man auch immer ein größeres Maß von leichterer Lebensart und Toleranz. Vielleicht hat gerade dies mit dazu beigetragen, daß die Aiblinger Bürger allen Unbillen zum Trotz ihr Städtchen nie im Stich ließen, es immer wieder aufbauten und mit Leben erfüllten. Rosenheim hat dem alten Bad Aibling längst den Rang abgelaufen, aber in den Straßen des freundlichen kleinen Städtchens tummeln sich dennoch Besucher und Kurgäste. Zudem aber ist es nach wie vor die Metropole des dahinterliegenden reichen Bauernlandes.

In Bad Aiblings »guter Stube«, der Kirchzeile, findet man die ältesten Häuser der Stadt.

Ein Spaziergang durch Bad Aibling könnte in etwa wie folgt aussehen: Wir beginnen am Wilhelm-Leibl-Platz, wo das Aiblinger Heimatmuseum steht. Ein Besuch in seinen interessanten Räumen bietet sich als Auftakt an, um anhand der historischen Gemälde und Stiche ein Bild des alten Marktes zu gewinnen. Die Zufahrtsstraße entlang der Glonn führt uns anschließend in Richtung Stadtmitte. Am anderen Ufer bleiben die Jugendstilhäuser aus der Jahrhundertwende zurück und voraus mahnt ein steinerner Löwe auf einem breiten Sockel zum Gedenken an die gefallenen Söhne der Stadt in den beiden Weltkriegen. Wir gehen über die Glonnbrücke und kommen in die Bahnhofstraße. Den Fluß aufwärts gelangen wir zu einer hölzernen Fußgängerbrücke, auf der wir wieder an das rechte Ufer gelangen. Bei einem Blick in das tiefe ausgeschachtete Flußbett kann man sich nicht vorstellen, daß das Wasser der Glonn bei den großen Überschwemmungen bis zu den Fenstern der Häuser reichte. Ein kurzer Fußweg mündet in die meistens stark befahrene Münchner Straße, der wir rechts bis zum Mühlbach folgen. Hier finden wir das wohl beliebteste Motiv von ganz Bad Aibling: »Kleinvenedig« – der Mühlbach mit den alten Waschstegen und dem Spiegelbild des Hofberges auf der Wasserfläche. Wir kommen ins Zentrum der Stadt, auf den Marienplatz. Auf dem weitläufigen Platz spielte sich früher das Leben des Marktes ab. Von dem einstmals eichenhölzernen Brunnen (später war er aus Marmor, und heute ist er gemauert) holten bis ins 17. Jahrhundert die Bürger der umliegenden Häuser ihr frisches Trinkwasser, bis nacheinander Wasserleitungen installiert wurden. Bis 1792 war der Brunnen Schauplatz des »Metzgersprungs«, bei dem die Metzgerlehrlinge während der Freispruchfeier in Kalbsfelle gehüllt in das Wasser sprangen. Die Säule im Brunnen zierte bis 1873 eine St.-Georgs-Figur aus der Thürhamer Kirche, bis der Marienplatz schließlich 1878 seine Madonna erhielt. Bevor diese in den sechziger Jahren renoviert wurde, blickte sie nach Osten, doch in heißen Stadtratsdiskussionen einigte man sich vor der Wiederaufstellung, daß sie nach Süden blicken solle; sie ist so fotogener. Dieser Stadtteil hieß früher nur »Am Platz« oder »Marktplatz«, wegen der vielen Märkte, die seit dem 15. Jahrhundert von hier die Kirchzeile hinauf stattfanden. Dabei mußten die Marktstände eng zusammenrücken, denn die Häuserfront reichte noch lange Zeit bis an die Rosenheimer Straße (früher Rosengasse). 1940 jedoch fiel das historische Rathaus wieder einmal einem Brand zum Opfer, und im Zuge der Neugestaltung mußten viele alte Gebäude weichen und nüchternen zurückversetzten Zweckbauten Platz machen. Größtenteils unberührt davon blieben allerdings die Fassaden auf der anderen Straßenseite, sie zeigen noch etwas vom alten Stadtbild.

Es wird Zeit, in einer der traditionsreichen Gaststätten rund um den Platz ein Mittagessen einzunehmen. Im Hotel Lindner hatte der Maler Wilhelm Leibl seinen Stammtisch, beim Schuhbräu saß er besonders gern unter den Kastanien im Biergarten, und beim Duschlbräu nahm am 6. Dezember 1832 die Königin Therese mit ihren Kindern Maximilian und Mathilde bei einem gemeinsamen Mittagessen Abschied von ihrem Sohn Otto, dem neuernannten König von Griechenland. Da es der Königin sehr schwer fiel, sich von ihrem Lieblingssohn zu trennen, hatte sie ihn noch bis Aibling begleitet.

Es gibt aber auch noch das Platzl, früher bekannt als Sommerbräu und Grafenbräukeller, der 1847 von sich reden machte, weil der Altan vollbesetzt herabstürzte und 24 Gäste zum Teil schwer verletzt wurden, sowie die ehemalige Braugaststätte Sebastianibräu. Ein weiterer Bräu befand sich in dem Geschäftshaus an der Ecke rechts neben der Sebastianikirche: die Zieglerbrauerei. Am Hotel Lindner entdekken wir den Hinweis, daß hier um 800 Ratholdus, der Gründer von St. Georgenberg in Tirol, geboren wurde. Nicht ganz so alt ist die an die Hotelmauern anschließende Sebastianikirche. Sie wurde 1634 anstelle einer Kapelle erbaut und wegen der leidvollen Erfahrungen mit der Pest, dem hl. Sebastian, dem Schutzheiligen gegen ansteckende Krankheiten, geweiht. Bei den schweren Bränden im Markt wurde sie jedesmal stark in Mitleidenschaft gezogen, ist aber in ihrer unauffällig in die Häuserzeile eingefügten Form ein richtiges Kleinod geblieben und aus dem Stadtbild nicht wegzudenken.

Wir kommen in Bad Aiblings gute Stube: die Kirchzeile. An ihr liegen die Häuser mit den ältesten Fundamenten der Stadt, wie das Doktorhaus, der Maxlrainer Hof und der alte Ratskeller. Die Formen der Fassaden entsprechen zum Teil dem Stil der Innstädte. Entlang der kleinstädtischen Häuserfront rechts und den meist einzeln stehenden Gebäuden mit Fassadenmalereien links gelangen wir zum Fuß des Hofberges. Direkt in der Kurve der nach rechts schwenkenden Straße steht ein kleiner Brunnen mit der Figur des Erzengels Michael. 1910 ließen ihn die Söhne des Landarztes Dr. Michael Gschwändler (1796–1884) zur Erinnerung an ihren langjährig in Bad Aibling tätigen Vater und als Trinkbrunnen für die Schulkinder errichten. Er war zu seiner Zeit der einzige Doktor Aiblings und mußte noch so manchen harten Raufer- und Habererschädel zusammenflicken. Einer seiner Söhne war später Mitbegründer des Aiblinger Krankenhauses, und auch die Enkelin trat in seine Fußstapfen und praktiziert noch heute im »Doktorhaus« in der Kirchzeile. Früher war dies das Baderhaus, weil hier die Vorgänger der Ärzteschaft, die »Bader«, zur Ader ließen oder Blutegel ansetzten, aber auch, weil hier die ersten Moorbäder genommen wurden. Verordnet wurden zusätzlich Ziegenmolken, Kräutersäfte, Massagen und Behandlungen mit elektrischem Strom, Kiefernnadelbäder, fremde Mineralwässer und kalte Bäder in der Glonn. Dr. Michael Gschwändler war übrigens der erste Absolvent des neugeschaffenen Doktorstudiums in Landshut.

Beim Duschlbräu erinnern Wandbild und Text an den Abschied König Ottos von Griechenland von seiner Mutter, Königin Therese, am 6. Dezember 1832.

Ein Stück höher am Hofberg wird der 500 Aiblinger Bürger gedacht, die im Dreißigjährigen Krieg gegen die Schweden gefallen sind. Gegenüber erinnert eine Kapelle an die Opfer der Sendlinger Mordweihnacht von 1705. Diese Kapelle – 1984 von der Gebirgsschützenkompanie Aibling errichtet – steht an der Stelle des alten Grabenschusterhauses, in dem sich die zwei Aiblinger Bürger vor den Schweden im Kamin verbargen. Das historische Gebäude hat die Zeit nicht überdauert; 1979 mußte es einer Kurvenbegradigung der Straße weichen.
Treppe und Weg führen hinauf auf den Hofberg zur Pfarrkirche und zum Amtsgericht, in dessen Hof man mit einigem guten Willen noch die Vierung des alten Römerturms ausmachen kann.

Durch die Bäume des anschließenden Parks leuchtet die Fassade des schlichten Schloßes Prantzeck aus dem 16. Jahrhundert, heute bekannter als Leo- und Marienheim. Unter diesem Namen beherbergte es schon eine Erziehungsanstalt für gefährdete Kinder, eine Haushaltsschule für Mädchen, ein Kurheim und eine Schule. Jetzt ist es wieder ein Kurheim. Es war der zweite Sitz des Geschlechtes Prant in Bad Aibling. Der andere war das Gebäude des heutigen Hotels Lindner neben der Sebastianikirche.
Schon früh (um 900) stand auf dem Hofberg eine Hofkapelle. Ihren Platz nimmt die heutige Pfarrkirche Mariä Himmelfahrt mit ihrem weithin sichtbaren Turm ein. Der zuerst gotische Nachfolgebau der Hofkapelle geht zurück auf das 15. Jahrhundert, aber ihre heutige erweiterte Form mit der reichen Rokokoausstattung erhielt die Kirche 1755/56 von Abraham Millauer nach Plänen des Münchner Stadtbaumeisters Johann Michael Fischer. Die ältesten Stücke sind die Mutter-Gottes-Gnadenfigur im Hochaltar und die in die Außenmauern eingelassenen Grabsteine aus dem 16. Jahrhundert. Sie sind Relikte aus der Zeit, als der Friedhof noch rings um die Kirche lag. Erst als in der zweiten Hälfte des 19. Jahrhunderts der Platz zu klein wurde, verlegte man den »Freidhof« von der kleinen Fläche auf dem Hofberg aufs freie Feld in Richtung Ellmosen. Von der Pfarrkirche weg führt ein Fußgängersteg über die beginnende Ellmosener Straße hinüber zum Klafferer und

gestattet einen Blick über die Stadt hinweg auf die Schlierseer Berge. Am Klafferer entlang kommen wir am Landratsamt und dem ehemaligen Schuhbräukeller (heute Seniorenheim) vorbei und blicken auf die verschachtelten Dächer der Stadt, aus der die »Achtundachtz'ger Stiang« heraufführt. Der Weg mündet in die Krankenhausstraße, und vor uns liegt die Ausstellungshalle, auf deren Platz noch während der Bauzeit 1929 der erste des später weithin bekannt gewordenen Fohlenmarktes stattfand. Gegenüber der Kolbermoorer Straße führt der Weg zwischen altem Baumbestand und an der evangelischen Kirche aus dem Jahre 1904 vorbei weiter auf der Höhe entlang aus der Stadt hinaus. Dort am Stadtrand, unweit der Mangfallbrücke, fände man das Theresienmonument. Das Denkmal zur Erinnerung an die Trennung der Königin Therese von ihrem Sohn, König Otto von Griechenland, wurde am 1. Juni 1935 von den Bewohnern des Königlichen Amtsgerichts Rosenheim und den Frauen aller Gaue Bayerns eingedenk der »opfernden Mutterliebe« errichtet.
Wir folgen aber der Kolbermoorer Straße abwärts, überqueren die Rosenheimer Straße und kommen über die Katharinenstraße in den bei Kurgästen und Einheimischen gleichermaßen beliebten Kurpark. Der ideale Platz, um geruhsam auf einer Bank beim Irlachweiher oder bei einem kurzen Abstecher durch das botanische Gelände des neuen Schaubiotops mit Binsen, Moorheiden, Feuchtwiesen und Sumpflandschaft den Spaziergang ausklingen zu lassen. Nur der Irlachweiher in der Parkmitte erinnert durch seinen Namen noch an das ehemalige Schlößchen, dessen Parkanlage zum Kurpark umfunktioniert wurde. Vorbei am Kurhaus mit seinen Blumenrabatten erreichen wir wieder den Parkplatz vor dem Heimatmuseum.

Mindestens ebenso reizvoll wie dieser Spaziergang ist es, abseits der stark befahrenen Münchner Straße, planlos durch die stillen Winkel des Kunststädtchens zu schlendern. Es gibt viel zu entdecken: Hausaufschriften, Fassadenmalereien, Kirchen, Kapellen und kleine Kunstwerke in Mauern und Nischen, alte Bäume, schattige Alleen, stille Flußufer, blumengeschmückte Balkone und bunte Gärten. Und wenn einem dabei ein Schwede begegnet, kann man unbesorgt sein, heutzutage ist es höchstens ein Tourist oder ein Kurgast.

Anno 1646 dies Haus schon stand,
zum Grabenschuster wars benannt,
als von den wilden Schwedenhorden
viel Bürger sind erschlagen worden
und all ihr Hab und Gut vernichtet,
haben zwei sich hierher geflüchtet,
allwo sie im Kamin versteckt
kein Feindesauge hat entdeckt.
Gott schütz dies Haus noch viele Jahr
vor jedem Unglück und Gefahr.

Gedenktafel am Grabenschusterhaus (1979 abgerissen)

Maler und Baumeister

Rund um Bad Feilnbach

Die Standuhr mit dem bemalten Zifferblatt im hölzernen Kasten tickt monoton und behäbig in der schlichten Bauernstube mit den kleinen, lukenhaften Fenstern. Der Kachelofen mit der breiten Ofenbank in der einen Ecke des Zimmers verbreitet knisternd wohlige Wärme und in den Verschlägen unter den Bänken scharren ein paar Hühner. Beim Ofen hängen wollene Strümpfe zum Trocknen über Holzstangen, schwere Jagdstiefel stehen auf dem abgetretenen Holzfußboden nahe bei den Kacheln. Die Wände zwischen den Fenstern, knapp unterhalb der niedrigen Holzdecke schmücken Jagdtrophäen, Geweihe von Rehen und Gemsen, und an der Wand gegenüber hängen eine Flinte und ein lederner abgegriffener Jagdbeutel. Im Herrgottswinkel dazwischen blickt man durch die Scheibe einer Eckvitrine auf ein kleines blumengeschmücktes Kreuz. In einer Ecke verbirgt ein Holzverschlag die hinauf zu den Schlafräumen führende enge Wendeltreppe. Von dort weg läuft eine Bank über zwei Zimmerseiten, an den rustikalen quadratischen Eichentisch mit der Petroleumlampe darüber sind noch zwei hochlehnige lederbezogene Stühle gerückt. Auf der Ofenbank sitzen zwei Bauernmädchen und stricken, während ein breitschultriger, stattlicher Mann hinter einer Staffelei den Pinsel über die Leinwand führt und ab und zu zum Stillhalten gemahnt. Die Beschreibung sollte einen Eindruck von der Stube des Malers Wilhelm Leibl in Kutterling um 1892 geben. Der kleine Ort zu Füßen der Berge, in den zu diesem Zeitpunkt noch nicht einmal die Post gebracht wurde, war die letzte Station im wechselvollen Leben des bekannten Künstlers. Viele Orte rühmen sich seines Aufenthaltes, vor allem Bad Aibling, in dem Leibl sein Atelier zu Lebzeiten nicht aufgab, doch in dem unscheinbaren Kutterling ließ er sich endgültig nieder. Es war die Landschaft nahe bei den Bergen, die ihn immer besonders anzog, die Moorlandschaft mit der Jagdmöglichkeit auf Niederwild und die nahen Bergwälder mit dem reichen Bestand an Rotwild und Gemsen, die Natürlichkeit der einfachen Menschen und die Unverfälschtheit der bäuerlichen Kultur sowie die Abgeschiedenheit und Ruhe des Dorfes.

Der Wahlbayer Wilhelm Leibl war sicherlich eine der interessantesten Persönlichkeiten in der deutschen Kunstgeschichte. Die Charakterisierung seines Typs fällt den Fachleuten noch immer schwer. Er war ungewöhnlich stark und hatte etwas von der Tapsigkeit eines Bären, wurde von den einen als grob und rauh verschrien und von den anderen als taktvoll und hilfsbereit mit angenehmen Umgangsformen

102 Jahre lang hatte Feilnbach einen eigenen Bahnhof und war durch die »Elektrische« mit Bad Aibling verbunden.

»Bauernjägers Einkehr« von Wilhelm Leibl, 1893.

gelobt; er war in seiner Jagdleidenschaft Hemingway ähnlich, aber Frauen gegenüber war er unbeholfen und schüchtern; er konnte ausgelassen und fröhlich durchaus einen über den Durst trinken, aber auch bis zur Erschöpfung arbeiten; er trainierte wie besessen seinen Körper und war äußerst sensibel und feinfühlig; er war wortkarg und manchmal mürrisch und ungeduldig mit seinen Modellen, wurde aber von ihnen respektiert und geschätzt; er war cholerisch und doch gemütlich und gesellig, war hochdekoriert und doch stets er selbst geblieben. Sie nannten ihn den »Bauernmaler«, aber auch den »Deutschen Maler«, verrissen seine Werke in der Kritik und standen vor seinen Bildern Schlange.

Wilhelm Maria Hubert Leibl wurde am 23. Oktober 1844 in der gutsituierten bürgerlichen Familie des Domkapellmeisters Karl Leibl in der Sterngasse 22 in Köln geboren. Schon in der Kindheit und der Jugend fiel er durch zwei Dinge besonders auf: seine außergewöhnliche Kraft und sein zeichnerisches Talent. Ersteres hätte ihn zum Beruf des Schmieds geradezu prädestiniert, doch zweites ließ ihn schon nach wenigen Wochen die Lehre in einer Schlosserei abbrechen. Sein Lehrmeister hatte ihn mit den Worten: »Du gehörst nicht hierher«, nach Hause geschickt, nachdem Leibl ihn trefflich skizziert hatte. Leibls Begabung und seine Bestrebung, Maler zu werden, zeichneten seinen Weg vor. Die Akademie in München (1864–1869) und ein Aufenthalt in Paris (1869–1870) vermittelten ihm das nötige Rüstzeug für seine spätere Arbeit. Doch Leibl war nicht geschaffen für die Stadt. Das dörfliche Milieu, die von harter Arbeit auf freiem Feld gezeichneten, wettergegerbten Gesichter der Bauern, die farbenfrohen Trachten der Landleute und der Alltag auf dem Lande faszinierten ihn mehr als der Trubel der Großstadt. So zog er ins Dachauer Moos nach Graßlfing und nach Unterschondorf am Ammersee. 1877 aber kam er nach Berbling bei Bad Aibling und damit in den Bannkreis des Wendelsteins; diese Landschaft sollte ihn nicht mehr loslassen. In Berbling schuf er unter den größten Widrigkeiten sein bekanntestes und wohl auch bedeutendstes Werk, »Die drei Frauen in der Kirche«. In der Dorfkirche arbeitete er vier Jahre lang bis zur völligen Verausgabung. In den Sommermonaten malte er jeden Tag, in den Übergangszeiten war ihm das Licht häufig zu diffus und die Farben klumpten. In den Wintermonaten war an ein Arbeiten wegen der Kälte in der Kirche oft nicht zu denken.

Das Bild aber mußte die ganze Zeit über feucht gehalten werden, damit die Farbe nicht trocknete, denn Leibls Maltechnik erforderte weiche Farben. Zwischendrin zerstörte er einige Stellen des Motivs und malte sie vollkommen neu. Der alte Pfarrer starb, und sein Nachfolger gab erst nach langem Hin und Her seine Einwilligung zur Fortsetzung der Arbeit, außerdem erkrankte durch die stetige Beanspruchung ein Modell. Leibl selbst war oft genug am Ende seiner Kräfte, arbeitete aber trotzdem angespannt weiter und schuf so eines seiner besten Werke.

Noch während der Arbeiten an diesem Gemälde siedelte er 1881 nach Bad Aibling um und blieb dort bis 1892. Anschließend zog er nach Kutterling und mietete das alte Bauernhaus »Beim Schneider-Veichtl«. Zu diesem Zeitpunkt war er bereits ein berühmter Maler, was schon daraus ersichtlich ist, daß ihm im selben Jahr die Münchner Universität eine Professur verlieh. Mit Leibl kam auch sein bester Freund nach Kutterling, der Maler Johann Sperl (1840–1914). Sperl war ein exzellenter Landschaftsmaler, wogegen Leibl mehr die Menschen, Typen und Charakterfiguren lagen. So entstand manches gemeinsame Werk; Sperl schuf die Landschaft, und Leibl setzte den Menschen hinein. Die bekanntesten Bilder dieser Zusammenarbeit sind »Der Birkhahnjäger« (Leibl selbst mit seinem Jagdhund in blühender Moorlandschaft) und »Leibl und Sperl auf der Hühnerjagd« mit dem schneebedeckten Panorama des Wendelsteinmassivs. Sperl und Leibl hatten große Achtung voreinander und schätzten ihre Werke

»Blumige Wiese mit Blick auf Litzldorf« von Johann Sperl, 1903.

gegenseitig hoch ein, so daß keine Rivalität zwischen den beiden entstand. Man kann sogar davon ausgehen, daß beide erst durch die künstlerische Urteilskraft des Freundes zu der Bedeutung kamen, die sie heute für uns haben. Dabei waren sie vollkommen verschieden. Sperl war leichtlebig, fröhlich, extrovertiert, Leibl mehr in sich gekehrt, introvertiert. Leibl entstammte einer gutgestellten Familie, Sperl kam aus ärmlichen Verhältnissen. Aber auch äußerlich hatten die beiden Freunde wenig gemeinsam: Sperl war klein und haßte Leibls Leibesübungen und Leibl war ein kraftstrotzender Herkules, von dem man sich wahre Wunderdinge erzählte. So hatte er in Kutterling einen Haken in die Holzdecke gedreht, an dem er mit einem Finger Klimmzüge machte. Sein Freund Dr. Julius Mayr erzählt in seiner Biographie, daß der kleine Sperl häufig über Nacht die schweren Gewichte und Hanteln Leibls in den Bach rollte, wo sie sein Gefährte anderntags dann stumm wieder herausfischte. Sperl hatte eine Hand fürs Praktische, während Leibl im Umgang mit Geräten geradezu unbeholfen war. Als Leibl sich mit dem Fotografieren versuchte, mußte Sperl ihm den Apparat zum Transport einpacken und zum Gebrauch so herrichten, daß er nur noch abzudrücken brauchte. Wegen ihrer unterschiedlichen Statur hatte

Sperl sicher seine Mühe, mit Leibl Schritt zu halten, wenn sie in der ersten Zeit jedes Wochenende ungeachtet des Wetters von Kutterling nach Bad Aibling marschierten; über blühende Sommerwiesen und durch Schnee und Morast. Leibl war in Kutterling glücklich, das beeinflußte auch seinen Malstil. Vom Realisten wandelte er sich mehr und mehr zum Impressionisten, indem er nicht nur das tatsächlich Sichtbare malte, sondern auch die Stimmung des Augenblicks in kräftigen Farben festhielt. Während der quirlige Sperl häufig Ausstellungen in entfernten Städten besuchte, ging Leibl immer seltener von Kutterling fort. Er verließ seine liebgewonnene Behausung nur noch, um zu jagen und auf der Alm zu übernachten. Umstände, die ihn von Kutterling wegholten, wie die erforderliche Anwesenheit bei Ausstellungen und Ehrungen, sowie Menschenansammlungen und Trubel waren ihm ein Greuel. Trotzdem fuhr er 1895 nach Berlin, wo man seine Bilder mit großem Erfolg ausstellte. Obwohl seine Gemälde inzwischen durchwegs bewundert wurden, verkauften sie sich bis dahin mehr schlecht als recht. So war es ein Erfolg für Leibl, daß der Kunstsammler Dr. Seeger aus Köln alle ausgestellten Gemälde erwarb und sich durch einen Vertrag die Rechte an allen weiteren Bildern sicherte. Leibl war es recht, er brauchte sich um den leidigen Verkauf nicht mehr zu kümmern und konnte sich ganz seinen Leidenschaften, der Malerei und der Jagd, widmen. So kommt es, daß Köln im Wallraf-Richartz-Museum die größte Leiblsammlung der Welt besitzt.

Von Leibls Lieblingsplatz, dem Malerwinkel oberhalb von Altofing, überblickt man das Jenbachtal bis hinauf zum Wendelstein.

Während seines Aufenthalts in Kutterling stellte sich bei Leibl ein schweres Herzleiden ein, das ihn im Mai 1900 zu einer Kur in Bad Nauheim zwang. Für ihn bedeutete das eine schmerzliche Trennung von seinem geliebten Zuhause. Trotzdem half ihm die Kur, das Fortschreiten der Krankheit konnte zumindest verzögert werden. So kam er in einem besseren Gesundheitszustand zurück und begann wieder zu malen. Doch die Arbeit strengte ihn sehr an, er konnte nicht mehr lange sitzen und litt häufig unter Atemnot. Dennoch verzichtete er nicht darauf, mit seinem Jagdhund eine ausgedehnte Pirsch durch das Moor zu unternehmen. Das war für den angeschlagenen Künstler zuviel. Er mußte in ein Sanatorium, und da er Verwandte in Franken hatte, entschied man sich für Würzburg. Am 8. November 1900 verabschiedete sich Wilhelm Leibl schwermütig von der Gegend beim Wendelstein, wohl ahnend, daß er seine über alles geliebte Wahlheimat nie mehr wiedersehen würde. Weitab davon verstarb er am 4. Dezember 1900, abends um 20.30 Uhr. Auf dem Friedhof in Würzburg wurde er beigesetzt.

Sein so sehr geschätzter Freund Johann Sperl lebte alleine im gemeinsamen Bauernhof weiter, bis ihn 1910 ein Schlaganfall für die restlichen vier Jahre seines Lebens an den Rollstuhl fesselte. Eine schwere Zeit für ihn, der seine Landschaften immer nach der Natur malte und sich somit viel im Freien aufhielt. Bis zu diesem Ereignis hatte Sperl eine Schaffensperiode, in der er mit Bildern in erstaunlicher Feinheit, Farbigkeit und Helligkeit noch einmal sein ganzes Können unter Beweis stellte. Er starb in Bad Aibling am 28. Juli 1914. Die beiden Künstlerfreunde, die im Leben so unzertrennlich waren, sind auch in ihrer letzten Ruhestätte wieder vereint. Sperl wurde in derselben Gruft wie Leibl in Würzburg beigesetzt.

Wilhelm Leibl und Johann Sperl waren großartige Künstler mit internationalem Ruf. Andere, die ihnen folgten, zur selben Zeit arbeiteten oder auch schon vorher gewirkt hatten, hatten es mit den eigenen Werken dadurch umso schwerer, wurden sie doch an den Gemälden der beiden gemessen. Sie kamen nicht zuletzt deshalb kaum über regionale Bedeutung hinaus. Dementsprechend weniger bekannt sind auch ihre Namen: Franz Berthold Buchenau, Hermann Rothenbücher, Josef Karl Nerud und Werner Wild.
Als Maler versuchte sich schon früher, Mitte des 19. Jahrhunderts, der einheimische Handwerker Balthasar Froehl aus dem gleichnamigen Hof in Feilnbach. In naivem Stil fertigte er Heiligenbilder und bemalte Bauernmöbel. Eines seiner Werke – heute im Heimat-

Zeit der Obsternte in Lippertskirchen.

museum Bad Aibling – beschriftete er mit den Worten: »Bin hint in Feilnbach 1870«. Seine Bemühungen, es bei Renovierungsarbeiten 1845 in der Kirche von Wiechs großen Vorgängern gleichzutun, sind nicht gerade überzeugend.
Der einzige, der noch am ehesten in die Fußstapfen Sperls und Leibls trat, war Leo von Welden (1899–1967). Der eigenwillige und etwas skurrile Künstler verließ 1952 einen lockeren Malerkreis um Sepp Hilz, Hans Müller-Schnuttenbach, Hermann Urban und Brynolf Wenneberg und zog ebenfalls von Bad Aibling nach Feilnbach. Auch er bevorzugte wie Leibl Gestalten und Figuren. Sein Malstil ist aber ungleich »moderner« und weniger einfach einzuordnen. Fast alle seine Werke stammen aus der Zeit nach 1943, da im Krieg sein Atelier mit allen Arbeiten zerstört wurde. Von Welden war sehr vielseitig: Neben der Malerei schuf er ein Sgraffito für die Kirche von Großkarolinenfeld, Fresken für die Schule in Feilnbach sowie viele Illustrationen, Zeichnungen und Radierungen.

Handwerker aus Feilnbach schufen dagegen Werke in einer ganz anderen Kunstrichtung. Südlich, näher den Bergen zu, liegt bei Altofing unauffällig zwischen Obstbäumen ein Bauernhof: die Hausstatt. Kein Mensch wüßte mit diesem Namen etwas anzufangen, wäre er nicht in Verbindung mit seinen berühmten Baumeistern in die barocke Baugeschichte des bayerischen Oberlandes rund um Bad Feilnbach eingegangen. Nicht weit von der Hausstatt, etwas höher in den Bergen liegt Gundelsberg mit dem Stammhof einer noch bekannteren Baumeisterfamilie, den Dientzenhofern. Während diese in die Welt hinauszogen und sich vor allem in Böhmen und Franken einen bleibenden Namen machten, prägten die »Hausstätter« die Gegend zwischen dem Leitzachtal und Rosenheim durch ihre Sakralbauten. So findet sich im ganzen Bereich unter dem Wendelstein kaum eine Kirche, an der nicht in irgendeiner Weise ein Hausstätter mit beteiligt gewesen wäre, sei es beim Bau der gesamten Kirche oder auch nur bei der Verlängerung des Kirchenschiffes, beim Anbau einer Sakristei oder beim Neubau des Turmes. Sie waren die beherrschenden Baumeister dieser Gegend im 17. und 18. Jahrhundert. Wie konnte es dazu kommen? Nach dem Ende der Schrecken des Dreißigjährigen Krieges entstand überall in den Gemeinden der Wunsch nach neuen und größeren Gotteshäusern. Allerdings gab es nicht genügend Baumeister, um dem »Bauboom« gerecht zu werden. Folglich traten aus den Reihen der Bauarbeiter ganz zwangsläufig die fähigsten und talentiertesten heraus, um größere Aufgaben zu übernehmen. Doch dadurch entstand bald ein Überangebot, welches die nachfolgenden Baumeister zwang, ihre Heimat zu verlassen. Hans Mayr d. Ä. (1643 bis 1718) hatte diese Probleme noch nicht. Er war der erste der Hausstätter und noch mit Aufträgen überhäuft. Immerhin schuf er 16 Kirchen oder war zumindest bei den An- oder Umbauarbeiten beteiligt. Auf ihn zurückzuführen sind die Kirchen von Mittenkirchen bei Vagen, Happing bei Rosenheim, Jakobsberg, Dettendorf, Schloßberg, Hl. Blut am Wasen (Rosenheim), Willing, Großholzhausen, Elbach, Irschenberg, Niklasreuth, Wilparting, Fischbachau, Pfaffenhofen und Birkenstein. Mayr verband bei seinen Bauten Bekanntes und Bewährtes mit eigenen Stilkomponenten, was ihm jedoch nicht nur Bewunderung einbrachte. Seine Kritiker warfen ihm wegen seiner steilen Dächer und weitgeschwungenen Gewölbe vor, er habe sich nicht von der Gotik trennen können. Doch im Gegensatz zu der oftmals düsteren, mittelalterlichen Stilrichtung sorgte er in seinen geradlinigen einschiffigen Kirchen durch hohe, von Wandpfeilern getrennte Rundbogenfenster für helle Innenräume, die sich nicht selten durch eine farbenfrohe Wandornamentik auszeichnen. Der Chor wird durch zwei Seitenaltäre optisch und räumlich vom restlichen Kirchenraum abgesetzt, der Turm besitzt überwiegend eine Zwiebelhaube. Wirklich typisch sind aber die oft sowohl außen wie innen angesetzten Wandpfeiler, die einen Tempel andeuten. Die in Weiß und Ocker gehaltenen Außenfassaden geben den Kirchen ein freundliches Gepräge und leuchten oft weit in die Gegend.

Den Sohn, Johann Mayr d. J. (1677 bis 1743), zog es nach München und später in die Nähe von Garmisch-Partenkirchen, wo er ebenfalls als Baumeister wirkte. Er ist der Erbauer der St. Michaels-Kirche in Perlach, des Klosters Altomünster und der Gotteshäuser von Schlehdorf und Farchant. Das Erbe Hans Mayr d. Ä. aber trat sein Schwiegersohn Abraham Millauer

Die Zahnradbahn zum Wendelstein kurz vor der Einfahrt in die Schwaigerwand.

(1680–1758) an, der vorerst im gleichen Stil weiterarbeitete, sich dann aber mehr und mehr der Stilrichtung Rokoko zuwandte. Auch er war vollauf beschäftigt. Seine Werke fallen alle bereits in das 18. Jahrhundert. Als erstes entstand unter seiner Leitung 1708 die Pfarrkirche St. Michael im Nachbarort Litzldorf. Es folgten die Kirchen in Au, Kössen und Unterlangkampfen in Tirol, Urfahrn, Flintsbach, St. Johann und Reith in Tirol, Kleinholzhausen, Bayrischzell, Schleching, die Roßackerkapelle in Rosenheim, die Klosterkirche Reisach, Ebbs und Aibling. In Millauers Fußstapfen trat sein Sohn Philipp (1710–1753) mit der Erbauung der Kirchen von Neubeuern und Berbling sowie der Taxakapelle in Au und der Wallfahrtskirche Schwarzlack. Philipp Millauer starb unerwartet früh während der Planerstellung für die Kirche von Wiechs. Das Werk vollendete sein Bauführer Hans Thaller (1725–1796), der mit dem Erbau der Rohrdorfer Kirche dann die Tradition der Hausstätter fortführte. Thaller heiratete die junge Witwe Philipp Millauers, blieb jedoch der letzte Baumeister der Hausstätter.

Nur wenige Kirchen im Umkreis des Wendelsteins sind nicht den Hausstättern zuzuschreiben. Eine davon ist die ehemalige Wallfahrtskirche Maria im Morgenstern von Lippertskirchen, eine andere die von Götting. Doch mit der letzteren schließt sich der Kreis trotzdem wieder, denn der Baumeister ist Wolfgang Dientzenhofer (1678–1747) aus Aibling, dessen Familie in Au wohnte, also nicht weit von dem Ort entfernt, der so viele großartige Baukünstler hervorbrachte. Die Namensgleichheit mit der berühmten Familie deutet schon daraufhin, daß Wolfgang Dientzenhofer mit den in Böhmen tätigen Baumeistern, wenn auch weit entfernt, verwandt war. Er wurde nicht so bekannt wie seine Namenskollegen, schuf aber die Pläne für die Pfarrkirche von Au und Kössen in Tirol, die Abraham Millauer errichtete, der bereits erwähnte Hausstätter Baumeister.
So kann die Gegend um Feilnbach als Wiege für die sakrale Kulturlandschaft rund um den Wendelstein gelten. Die Baumeister haben mit ihrem künstlerischen Schaffen und der Vielzahl ihrer Werke die Landschaft in einzigartiger Weise geprägt.
Wie sehr, das soll eine ausgiebige Wanderung von Bad Feilnbach aus verdeutlichen, die uns auch zu Stationen Wilhelm Leibls führt. Bad Feilnbach am gleichnamigen Bach, der um 1000 als Fulinpach erstmals erwähnt wurde, ist heute eine Großgemeinde, zu der die ehemals selbständigen Orte Kronwitt und Jenbach gehören. Das Charakteristische der Landschaft sind die Obstbäume. Bad Feilnbach liegt in einem der wichtigsten Obstanbaugebiete Bayerns. Im Frühjahr breitet sich an den geschützten Hängen ein Meer an weißen und rosa Kirsch-, Apfel-, Pflaumen- und Birnenblüten aus, und im Sommer und Herbst hängen die Bäume voll praller Früchte. Seit 1973 ist Feilnbach wie Bad Aibling ein bekanntes Heilbad, die ersten Moorschlammbäder wurden jedoch schon 1905 verabreicht. Trotz des Aufschwungs in diesem Jahrhundert konnte sich der Ort seinen dörflichen Charakter erhalten. Man kommt heute mit dem eigenen Auto oder mit dem Bus nach Bad Feilnbach. Von 1871 bis 1973 erreichte man den Ort auch mit der »Elektrischen«, die den Anschluß nach Bad Aibling zur Bahnlinie München–Rosenheim herstellte. Bei einer Höchstgeschwindigkeit von 45 Stundenkilometern vermittelte sie den »Sommerfrischlern« schon einen Vorgeschmack auf die Beschaulichkeit des Ortes und bot ausreichend Möglichkeit, den Einheimischen bei der Heuernte zuzusehen. Schneller kommt man auf der Strecke des Elektrozuges heute noch immer nicht voran, denn aus der ehemaligen Schienentrasse wurde ein Fahrradweg.
Das Zentrum der Gemeinde Bad Feilnbach bildet seit 1957 die Herz-Jesu-Pfarrkirche. Bei ihr wollen wir unsere Wanderung beginnen, denn im modernen, hellen Innern geben die Kreuzwegstationen des Malers Leo von Welden einen guten Einblick in den Stil des bekannten Künstlers. Danach folgen wir der Hauptstraße Richtung Osten und überqueren nach etwa 100 Metern den Jenbach. Bergauf, auf einem schattigen Wanderweg, treffen wir etwa nach einer Viertelstunde auf eine unseren Weg kreuzende Fahrstraße. Ein Ortsschild weist auf den Beginn des Ortsteils Altofing hin. Der Name dürfte vom Gründer Altof stammen und auf das 8. Jahrhundert zurückgehen. Zu Altofing gehört auch die Hausstatt, die Heimat der berühmten Baumeister. Rechts, über den Jenbach, kämen wir hinauf nach Gundelsberg, dem Ausgangsort der Dientzenhofer und Sitz des alten Adelsgeschlechts der

Gundelsberger. Der Ursprung von Gundelsberg ist unklar, da der Ort im Mittelalter durch eine Feuersbrunst vollkommen zerstört wurde, als alle Einwohner zur Messe in Lippertskirchen weilten. Dabei wurden auch die Urkunden über die dort ansässigen Edlen vernichtet. Der letzte adelige Gundelsberger fiel 1632 bei Glonn im Kampf gegen die Schweden. Ebenfalls jenseits des Gebirgsbachs erblicken wir die Holzstapel eines Sägewerks. Große Sägewerke gab es einst viele hier, angetrieben von dem kraftvollen Jenbach. Sie lieferten Holz für die Saline in Rosenheim.
Wir wenden uns weder links noch rechts, sondern wandern den Bach weiter entlang, bis der Weg an Höhe gewinnt und das steinige Bachbett immer tiefer in seiner Schlucht zurückbleibt. So gelangen wir in etwa einer Viertelstunde zum Malerwinkel. Der Wiesenhügel am Rand des Waldes, der sich auf dem Farrenpoint erstreckt, war Leibls Lieblingsplatz. Von diesem aus konnte er das Jenbachtal mit seinen dichten Laub- und Nadelwäldern bis hinauf zum Wendelstein überblicken, aber auch im freien Alpenvorland die zahlreichen Kirchtürme der Hausstätter Baumeister zählen.
Der Weg läuft hinter dem Hügel vorbei und gabelt sich. Wir zweigen nach links ab und gelangen in kaum zehn Minuten hinunter nach Altofing mit der außen unscheinbaren, innen jedoch freskengeschmückten Kapelle aus dem Jahre 1871. Der Moarbauer ließ sie seinerzeit errichten, damit sein Sohn wieder heil aus dem Kriege zurückkäme. Leider hat es nichts genützt. In höchstens einer

Der Altar der kleinen Kirche von Wiechs wurde um 1758 unter einem Stuckbaldachin neu erstellt.

Die Wallfahrtskirche Wilparting vor dem Massiv des Wendelsteins ist eines der meistfotografierten Motive ganz Bayerns.

Im Mittelpunkt der barocken Wallfahrtskirche steht das Hochgrab mit den Gebeinen der beiden irischen Heiligen Anian und Marinus.

weiteren Viertelstunde erreichen wir auf ebenem Weg Kutterling. Zwischen alten Höfen steht dort Leibls Bauernhaus aus dem 14. Jahrhundert. Das auffällig große Fenster auf der Nordseite unter dem Holzaufbau des ersten Stokkes ließ Leibl einsetzen, weil er zum Malen viel Licht brauchte. Das Haus ist heute wieder vermietet, die Originalstube Leibls aber kann im Heimatmuseum Bad Aibling besichtigt werden. Der Kölner Oberbürgermeister Dr. Konrad Adenauer hatte sie für seine Stadt erworben, doch 1937 kam sie wieder in den Landkreis Rosenheim zurück. Der dichte Obstgarten vor dem Leiblhaus läßt kaum einen Blick auf die nach Osten ausgerichtete Vorderseite zu, ganz so, wie es Johann Sperl auf zahlreichen Bildern dargestellt hat. Von Kutterling aus wandern wir den Berghang hinauf, bis wir nach etwa zwanzig Minuten auf den zu Ehren des beliebten Malers angelegten Wilhelm-Leibl-Weg stoßen. Er führt uns im Bergwald auf der Nordseite des Farrenpoints entlang bis zu den Höfen von Schittwein und Ulpoint oberhalb von Litzldorf. Unten im Tal haben wir den ehemaligen Adelssitz Derndorf aus

Der markante Gipfel des Wendelsteins dominiert die Berglandschaft ringsum.

dem 12. Jahrhundert zurückgelassen. Wir steigen zunächst nicht gleich nach Litzldorf ab, sondern suchen zunächst den Wasserfall im Einschnitt zwischen Farrenpoint und Sulzberg auf. Der Leiblweg nahm etwa eine Dreiviertelstunde in Anspruch, um den Wasserfall zu erreichen, benötigen wir hin und zurück noch einmal 20 Minuten. Alles in allem genügend Zeit, um in Litzldorf zu Mittag zu essen. Der hübsche Ort mit seiner malerischen Lage am auslaufenden Berghang wurde bereits 849 erwähnt und besaß schon damals eine Kirche. Die heutige Kirche stammt aus dem Jahre 1708 und ist das erste Werk des Baumeisters Abraham Millauer. Bis auf den abgewanderten Hans Mayr d. J. liegen alle Hausstätter in Litzldorf begraben. Einen Gedenkstein finden wir an der südlichen Kirchenmauer. Der Rest der Wanderung ist zwar mindestens ebenso lang wie bis hierher, Wege und Landschaft verändern jedoch vollkommen ihr Gesicht. Ebene Wiesen, Felder und schnurgerade Wege lösen Berg, Wald und verschlungene Pfade ab. Geradewegs hinein in die ehemalige Moorlandschaft folgen wir von Litzldorf aus quer zur Hauptstraße der Straße nach Mooshäusl, wandern noch etwa zehn Minuten geradeaus weiter und biegen dann in Sichtweite des Bauerndorfes Wiechs nach links ab. Dieses erreichen wir in etwa einer knappen Stunde auf einem beinahe schnurgeraden Weg. Wiechs ist der einzige Ort im Umkreis Bad Feilnbachs, der nicht unmittelbar am Fuße der Berge liegt, sondern inmitten des heute trockenen und fruchtbaren Wiesenlandes. Um den Feldern genügend Raum zu lassen, drängen sich die stattlichen Bauernhöfe eng um die sehenswerte Kirche St. Laurentius. Hans Thaller, der letzte der Hausstätter Baumeister, war der Schöpfer dieses Kleinods. Von 1754 bis 1758 gab er der alten Kirche die heutige Form. Von Wiechs aus in nordwestlicher Richtung liegt die traditionsreiche Gaststätte Moosmühle, heute ein beliebtes Ausflugscafé. Gerade die richtige Zeit für uns, zu Kaffee und Kuchen oder einer Brotzeit im Garten bei den Weihern einzukehren. Früher konnte man hier sogar Boot fahren. Bekannt wurde die Moosmühle im ausgehenden 19. Jahrhundert besonders durch ihren Besitzer Xaver Huber, der sich unermüdlich für die Erhaltung der Gebirgstrachten einsetzte.

Mindestens eine halbe Stunde noch dauert der Weg zurück zur Kirche von Bad Feilnbach. Dorthin zu finden, ist nicht schwierig, hat man doch den etwas höher liegenden Ort stets vor Augen. Zu ihm gesellt sich weiter westlich noch das verträumte Bauerndorf Lippertskirchen inmitten von Obstbäumen. Bis zum letzten Jahrhundert stand dort ein Schloß. Es war im Mittelalter Sitz der adeligen Diepertskircher aus dem Geschlecht der Waldecker. Die einstmals gotische Kirche Mariä Himmelfahrt, 1778 vom Münchner Baumeister Franz Anton Kirchgrabner in der heutigen Form umgebaut, war lange Zeit ein bekannter Wallfahrtsort. Man pilgerte zur Muttergottesstatue, die sich jetzt im Rokoko-Hochaltar von Josef Götsch befindet, jenem Götsch, der auch die wunderschöne Kirche von Rott am Inn schuf. Heute kommen nur noch wenige Leute nach Lippertskirchen, außer Anfang November, dann findet dort nämlich der traditionsreiche Leonhardiritt statt.

Diese Wanderung verlangt zwar viel Zeit, gibt aber einen tiefen Einblick in diese Landschaft mit ihrer baugeschichtlichen Kultur. Aufgereiht wie Perlen auf einer Schnur liegen die Dörfer entlang der Berge. Von hier aus wurden den Sumpfwiesen Meter für Meter brauchbares Ackerland abgerungen. Deshalb vergeuden die wie kleine Städte eng zusammengerückten Orte keinen Quadratmeter landwirtschaftlich nutzbaren Grund.

Diesen besonderen Reiz und die optimale Lage Bad Feilnbachs für Wanderungen sowohl ins Flachland wie auch ins Hochgebirge erkannte schon Wilhelm Leibl. Die Bedeutung, die die Dörfer so unmittelbar am Fuße der Berge für ihn besaßen, beschrieb er einmal schlicht so: »Hier hat man das Gebirge ganz nahe vor sich, was mir lieber ist, als mittendrinnen, was Einem bald zuwider wird.«

Dort is schöner g'wiß als in der Stadt,
Wo oan's in de Gassl grad oa Aussicht hat,
Was ma bei ins vo' der Welt alles segn ko',

Vo' dem wiss'n d' Stadtleut' nix davo'.

Liedstrophe aus dem 19. Jahrhundert

Der Irlachweiher im Kurpark von Bad Aibling erinnert noch heute an das Schlößchen, das ehemals hier stand.

Leiblmotiv beim Trachtenfest in Bad Feilnbach.

Im Schatten der Großen

Schwarzenberg, Sulzberg und Farrenpoint

Ein schmaler Bergpfad zieht sich in Serpentinen durch den schattigen Wald höher. Der Hang ist steil, die Bäume stehen dicht, und nur gelegentlich zeigt sich dem Wanderer die Ebene. Pilze wachsen in unmittelbarer Nähe des Weges, und durch das Unterholz bricht Wild. Unvermittelt betritt man eine Lichtung und schreitet über den Graskamm zum Gipfel mit der herrlichen Aussicht. Zu Füßen liegt das Inntal wie die Landschaft einer Modelleisenbahn mit Kirchtürmen und roten Hausdächern, hellen Wiesen und dunklen Wäldern. Auf grauen Bändern bewegen sich farbige Spielzeugautos mit blitzenden Scheiben. Der Inn fließt nach Norden in die weite Ebene auf die Stadt Rosenheim zu, in deren fensterreichen Fassaden sich das Sonnenlicht spiegelt. Schweift der Blick weiter zum nördlichen Horizont, so entdeckt man im Band des Dunstes den Münchner Fernsehturm. Im Osten liegen die glatten Flächen von Sims- und Chiemsee und die blaue Kette der Berge, gebildet aus Kampenwand, Riesenberg, Hochries, Heuberg und Kranzhorn. Am späten Nachmittag leuchten die Felsabstürze der Leoganger und Loferer Steinberge und des Zahmen und Wilden Kaisers herüber.
Die Aussicht vom Wildalpjoch oder Wendelstein? Weit gefehlt! »Nur« die vom Sulzberg mit seinen geringen 1120 Metern Höhe.

Hansen- und Walchalm auf der Südseite des Farrenpoints um 1920.

Dieser Hausberg der Litzldorfer und Brannenburger sowie sein unmittelbarer Nachbar Farrenpoint und der weiter westlich gelegene Schwarzenberg im Norden des Wendelsteins werden leicht übersehen, weil die hochaufragenden Gipfel des Wendelsteinmassivs die Blicke auf sich ziehen. Erst wenn man näherkommt, machen sie breit und dunkel die Sicht versperrend auf sich aufmerksam. Sie sind rundlicher, mittelgebirgsähnlicher als ihre höheren Nachbarn. Auch in ihrer Beschaffenheit sind sie keine natürlich »gewachsenen« Berge, sondern größtenteils Schutthalden und Geröllhügel der Eiszeitgletscher. Ihre Stabilität ist deshalb auch sehr labil. Beim Entfernen des Schutzwaldes löst sich allzuleicht der zusammenhanglose Untergrund und rutscht ab. Dies geschah zum Beispiel 1890 oberhalb von Kutterling und 1916 bei der Tregleralm auf der Ostseite des Schwarzenberges.
Ihre Höhe reicht aber aus, um die Gipfel aus den herbstlichen Talnebeln in den sonnigen Himmel zu erheben – ein

beeindruckendes Schauspiel besonders an Tagen, an denen das Inntal dunst- und nebelgefüllt den Blick nicht freigibt. Dann hat man das Gefühl, auf den bauschigen Wolken von Spitze zu Spitze marschieren zu können. Trotzdem umgehen viele Wanderer diese für sie zu schlichten und uninteressanten Berge, um zu höheren Zielen zu gelangen, was die Freunde dieser nicht ganz so imponierenden Höhen durchaus zu schätzen wissen. Genauso wie früher viele Adelige, die die Hänge von Schwarzenberg, Farrenpoint und Sulzberg als Standort für ihre Herrensitze auserkoren hatten. So sind uns zahlreiche Burgen überliefert, von denen jedoch sämtliche Spuren bereits verwischt sind. Verschwunden sind Hollenstein und Sulzberg am gleichnamigen Berg, eine angebliche Burg auf dem Farrenpoint bei der heutigen Huberalm sowie die letzten Reste einer Festung am Schwarzenberg, die vom bereits erwähnten Erdrutsch endgültig getilgt wurden. Viel war wahrscheinlich sowieso nicht mehr übrig, denn der Sage nach verwendete man das Mauergestein beim Bau der Kirche von Lippertskirchen. Und doch, es gibt sie noch, malerische Mauerreste, efeuumrankt, bemoost und vom Wald beinahe schon vollkommen verschluckt. Der Wanderer findet sie zwischen Farrenpoint und Sulzberg, oberhalb von Litzldorf. Lange wehrhafte Mauern mit Rundbogenfenstern und den Resten eines Burgfrieds – ein Relikt aus dem Mittelalter? Doch weit gefehlt: beim Nachforschen entpuppen sich die pittoresken Überbleibsel als die Ruine eines alten Zementwerks aus dem letzten Jahrhundert und der »Burgfried« als der ehemalige Fabrikschlot.
Unverwechselbar sind dagegen die vielen noch heute existierenden Almen. Zu den ältesten zählen die Schwarzenbergalm und die Wirtsalm. Erstere wurde bereits 1723 vom Wirt von Au erbaut, wechselte einige Male den Besitzer, war lange Zeit ein beliebtes Ausflugsziel und dient heute als Kindererholungsheim. Heute noch gerne besucht – da sehr leicht erreichbar – ist die Wirtsalm, die ehemalige »Alpen auf dem Jenpach«, wie sie bereits im 16. Jahrhundert genannt wird.
Der Sulzberg, als nordöstlicher Eckpfeiler des Wendelsteinmassivs markanter und auffälliger, hebt sich auch noch durch seine reiche Geschichte von den anderen beiden Bergen ab. Aus dem Wald an seinem Nordabhang lugt ein spitzer Turm hervor: der Turm der Wallfahrtskirche Schwarzlack. Sie wurde nach einer »Schwarzen Lacke«, einem sumpfigen Weiher, benannt. Der Eremit Georg Thanner errichtete an dieser Stelle 1659 eine Klause und kurze Zeit später eine hölzerne Kapelle für ein dort aufgefundenes Marienbild. Es folgten weitere Klausner, die die Eremitage und die Kapelle betreuten. Von Anfang des 18. Jahrhunderts bis

Der Schwarzenberg (1188 m) über dem Leitzachtal.

Der versteckte Wasserfall des Litzldorfer Baches zwischen Farrenpoint und Sulzberg.

1784 war die Klause auch Schule. 1686 entstand eine größere Holzkirche, und von 1752 bis 1754 errichtete der Baumeister Philipp Millauer die heutige gemauerte Wallfahrtskirche, allerdings noch mit einem hölzernen Zwiebeltürmchen. Bereits ein Jahr nach der Einweihung fielen der Dachstuhl und die Glocken einem Brand zum Opfer. Das Deckengemälde schuf ein Mann, der ebenso eng mit dem Sulzberg verbunden ist wie Schwarzlack selbst: Sebastian Rechenauer d. Ä. von Hinterschweinsteig. Seinen 800 Jahre alten Geburtsort, den Weiler Schweinsteig, an dem er am 19. Januar 1761 das Licht der Welt erblickte, erreicht man von Brannenburg oder Litzldorf aus. Er befindet sich in herrlicher Aussichtslage über Schwarzlack. Der Landwirt Sebastian Rechenauer hatte mehr Sinn für die Schönheiten der Kunst als für die harte Bauernarbeit und wandte sich dem Malen zu. Er erreichte darin schließlich eine solche Fertigkeit, daß er zahlreiche Aufträge für Kirchen und Kapellen erhielt. Wir finden heute noch Werke von ihm in Flintsbach, Brannenburg, Schwarzlack, Reit im Winkl und Erl in Tirol, in Nußdorf, Riedering, in der Brannenburger Schloßkapelle und in der Loretokapelle in Rosenheim. Seine Arbeiten bestechen durch die Farbenfreudigkeit und die Exaktheit der Ausführung. Sebastian Rechenauer verstarb am 5. März 1835 in Altenbeuren. Sein Sohn stand dem Vater kaum nach und schuf zahlreiche Werke, wie die Fresken in Zaisering, Prutting, Ruhpolding und die Altarbilder in Nußdorf, Leonhardspfunzen, Fischbach, Flintsbach und in der Ölbergkapelle in Sachrang.

Die vielbesuchte Wirtsalm (889 m) im oberen Jenbachtal, dahinter der Farrenpoint (1273 m).

Doch wenden wir uns wieder den Bergen zu. Alle drei weisen genügend »Brotzeitstützpunkte« auf; der Sulzberg Schwarzlack und die Schlipfgrubalm, der Schwarzenberg die Tregleralm und der Farrenpoint die Huberalm (nur Getränke!) und bei kleinen Abstechern Schuhbräu- und Wirtsalm. Nehmen wir uns den mittleren der drei vor, den Farrenpoint.

Von der Kirche in Bad Feilnbach folgen wir wieder dem Weg am Jenbach entlang bis zum Malerwinkel, wie er im vorangegangenen Kapitel bereits beschrieben wurde. Wir verlassen ihn jedoch nicht wieder bergab, sondern folgen dem Wegweiser zum Farrenpoint weiterhin aufwärts. Über die Kohlstattleite zieht der Weg im Wald nach oben und läßt das Rauschen des Jenbaches immer tiefer zurück. Es wird stiller, und wir gewinnen mehr und mehr an Höhe. Der Wald wechselt zwischen Laub- und Nadelwald, der Weg zwischen Bergpfad und Almstraße, und nach etwa einer Stunde wird der Baumbestand lichter, macht zunehmend Wiesenmatten Platz und gibt die Sicht frei auf die aufragenden Wände des Wendelsteins. Bevor wir nach Osten schwenken und Hansen- und Walchalm rechts zurücklassen, bietet sich ein überraschender Blick hinunter in das obere Jenbachtal, dorthin, wo einst der sagenumwobene Rackasee lag.

Über die grasige Südflanke steigen wir weiter an, höher und höher über den

Talboden und kommen nun aus dem Schauen und Staunen gar nicht mehr heraus, denn im Osten und Süden schieben sich nun die fernen Schneeberge der Hohen Tauern mit dem Großglockner ins Blickfeld. Knapp unter dem Gipfel breitet sich eine kleine Hochfläche aus, auf der sich die Huberalm und ein Weiher befinden. Dieser kleine, dort nicht vermutete See ermöglichte die Almwirtschaft in dieser Höhe, denn er diente dem Vieh als Tränke. Senner oder Sennerin jedoch mußten ihr Trinkwasser 100 Meter tiefer aus einer Quelle schöpfen. Heute übernimmt zur Erleichterung für die Almleute eine moderne Pumpe diese beschwerliche Arbeit.

50 Meter über der Huberalm erhebt sich der Gipfel des Farrenpoints. Auf ihm steht ein 5 Meter hohes Kreuz, das der Trachtenverein von Litzldorf im Jahre 1951 zum Andenken an seine verstorbenen Mitglieder errichtete. Doch Mitglied oder nicht, für den Bergwanderer ist es die Zielmarke und das Merkmal eines richtigen Berges. Wenn auch die runde, grasbewachsene Gipfelhöhe keinen felsverwöhnten Alpinisten in Jubelstürme ausbrechen läßt, so überrascht doch die umfassende Aussicht, die allen drei hier aufgeführten Bergen gemein ist.

Die Schuhbräualm (1157 m) zwischen Mitterberg und Rampoldplatte; im Hintergrund der bewaldete Sulzberg (1120 m).

Wir laufen noch den Kamm nach Osten ab, um auch einen Blick hinab ins Inntal zu erhaschen, und wenden uns dann Richtung Süden, wo wir auf einen breiten Weg treffen. Wir folgen ihm ein Stück weit gegen Osten und zweigen dann auf einem kleinen Bergpfad in Richtung Süden ab, wo uns wieder der Wald aufnimmt. Von jetzt ab folgen wir der Wegweisung »Schuhbräualm«, umrunden dadurch halb den baumlosen Mitterberg (den man selbstverständlich auch überqueren kann) und sitzen nach etwa einer Dreiviertelstunde auf der einladenden Terrasse der beliebten Hütte. Wem der Sinn nach frischer Milch steht, der kann sich auch an die etwas weiter unterhalb liegende Antretteralm wenden. Ansonsten kehren wir wieder auf den Höhenweg um den Mitterberg zurück und folgen ihm so lange, bis ein schmaler Pfad mit einem Wegweiser nach Bad Feilnbach auf dem Nigglsteig links ins Jenbachtal hinabführt.

Nach etwa einer Dreiviertelstunde erreichen wir so die Fahrstraße mit dem großen Parkplatz. Wer der Versuchung Schuhbräualm widerstand, den lockt jetzt die Wirtsalm, eine Viertelstunde den breiten Weg aufwärts. Talwärts verläuft die Straße geteert und ermüdend nach Bad Feilnbach. Die wollen wir uns ersparen, und so müssen wir kurz unterhalb des Parkplatzes aufpassen, daß wir den Jenbachsteig nicht versäumen, der rechts weg steil den Hang hinunter zum Bachlauf führt und uns an diesem entlang ebenfalls mitten in den Ort zurückbringt. Beim Anblick des breiten, steinigen Bachbettes wundert es einen nicht, daß bereits im

16. Jahrhundert die Feilnbacher Bürger beklagten, daß der »Gebirgspach« immer wieder Sand und Geröll auf die Wiesen schwemme. Man hat dem entgegengewirkt, indem man viele künstliche Staustufen schuf, die die Kraft des Baches gebrochen haben. Sie bilden heute zahlreiche Wasserfälle, die das Rauschen des wilden Baches noch verstärken und die Wanderung obendrein noch abwechslungsreicher gestalten. Wieder am Ausgangsort angekommen, hat uns der unscheinbare Farrenpoint 700 Höhenmeter und alles in allem vier bis fünf Stunden Gehzeit abverlangt. Dem stehen Sulzberg und Schwarzenberg nicht viel nach – nicht schlecht für Berge, die an sich im Schatten ihrer größeren Nachbarn stehen.

Wer es lieber bequemer haben möchte, keinerlei Proviant mitschleppen will und auf Gipfel gut und gerne verzichten kann, sollte folgende Strecke wählen: Man steigt von Brannenburg aus auf zur Schlipfgrubalm auf der Südseite des Sulzberges (Brotzeit), hält sich beim Verlassen der Alm an die Wegweisung zum Sulzberg und bei den Weggabelungen immer links. Man gelangt so auf einen Waldsteig, der einen auf den Sattel zwischen Mitterberg und Farrenpoint bringt. Gutes Schuhwerk ist hier unbedingt erforderlich. Bei anhaltendem Regen sollte man dieses Wegstück trotzdem meiden. In etwa 10 Minuten erreicht man von dort aus die Schuhbräualm (Mittagessen). Wenn man auf direktem Almweg wieder zur »Schlipf« absteigt und kurz danach der linksseitigen Abzweigung nach Kogl folgt, gibt es entweder dort selbst oder etwas später in Schwarzlack den noch fehlenden Kaffee. Über den Kreuzweg kommt man zurück nach Brannenburg. Diese leichte Leib- und Seelen-Bergtour ist wahrscheinlich nichts für passionierte Gipfelstürmer, bietet aber trotzdem einen Gipfel: den Gipfel der Gemütlichkeit!

Am Weg von Brannenburg hinauf zum Sulzberg liegt die Wallfahrtskirche Schwarzlack.

Auf der Alm –
Schnaderhüpfl

Wannst a Sennerin willst liab'n,
muaßt a frischa Bua sei,
sunst laßt s' die 's ganz' Jahr
net in d' Sennhütt'n nei.

Auf d' Alm bin i ganga,
hab auf und auf g'lacht,
und wia i aufi bin kemma,
hab'n d' Schmalznudeln scho kracht.

Mei Schatz is a Sennerin
auf da Hochalm,
i hob amal die Kaiserin g'segn,
hat ma net so guat g'fall'n.

Pfüat di Gott, scheane Schwoagarin.
Pfüat di Gott, scheane Alm.
Pfüat di Gott, scheane Liegestatt
da hat's mir gut g'fall'n.

Moorgeschichten

Von Nicklheim bis Kolbermoor

»Oh, schaurig ist's, übers Moor zu gehen . . .«, so beginnt das Gedicht »Der Knabe im Moor« von der Dichterin Annette von Droste-Hülshoff. Wer kennt es nicht, und wer verbindet diese Worte nicht sofort mit der Vorstellung unheimlicher Moore in der großen Ebene des Nordens. Nur wenigen drängt sich dabei das Bild von Mooren im bayerischen Alpenvorland auf, und doch gibt es sie; einige von ihnen, die »Filze«, findet der Außenstehende völlig unerwartet unter dem Wendelstein. Wie jedoch entstand dieses ausgedehnte Sumpfgebiet zu Füßen der hohen bayerischen Berge?

Vor 20000 Jahren bedeckte ein riesiger Gletscher das Inntal, der sich von den Bergen heraus Richtung Norden bis zum heutigen Wasserburg und zeitweise gar bis Mühldorf erstreckte. Seine gewaltige Eismasse wälzte sich über alle Barrieren (Gletscherschliff bei Flintsbach), die sich ihm in den Weg stellten und plättete den nachgiebigeren Boden durch sein Gewicht. Er schob Stein und Geröll vor sich her und baute sich eine riesige Wanne, die sich beim allmählichen Temperaturanstieg langsam mit Schmelzwasser füllte; das Tauwetter begann vor etwa 15000 Jahren. Von allen Seiten flossen reißende Gebirgsbäche hinzu, und der Wasserspiegel stieg beständig an. Es bildete sich ein See mit gewaltigen Ausmaßen, der als »Rosenheimer See« bezeichnet wird. Mit annähernd der Größe des heutigen Bodensees übertraf er das »Bayerische Meer«, den Chiemsee, um ein Vielfaches. Wenn auch seine Tiefe nicht bekannt ist, so kann man doch ungefähr seine Ausdehnung erahnen: Er war wohl an die 50 Kilometer lang und bis zu 15 Kilometer breit! Noch lange nach seinem Entstehen hatte sich darin kein Leben gebildet, denn das Wasser war zu kalt. Dieses enorme Gewässer hatte zwar viele Zuläufe, aber keinen Abfluß, der Druck auf die Erdwälle in der Gegend des heutigen Mühldorf wurde zu groß. Sie hielten nicht mehr stand, und der See durchbrach wahrscheinlich in einer gewaltigen Naturkatastrophe die Endmoränen. Das nachströmende Wasser aus den Bergen suchte sich einen Weg durch die Tiefen der Niederungen; es entstanden Flüsse wie Mangfall und Inn und der sich windende Hauptfluß der Filze, die Kalten.

Als Relikt aus jener Zeit blieb der Grund des Rosenheimer Sees, das durch den Gletscher geebnete flache Land. Wegen der großen Fläche blieb der Grundwasserspiegel hoch und bildete damit die Voraussetzung für die Vermoorung. Ähnliche Entwicklungen zeigen sich in mehreren Bereichen der bayerischen Voralpenregion. Unter dem Wendelstein heißen die Teile dieses großflächigen Gebietes Koller-, Hochrunst-, Brand-, Rote und Abdekkerfilze, aber auch Willinger und Eulenauer Filz. Mit »Filz« oder »Filze« bezeichnet man im bayerischen Sprachgebrauch Moore, in denen Torf abgebaut wird. Moose, meist am Rande der Filze anzutreffen, sind dagegen sehr feuchte Wiesen wie das Weitmoos südlich von Pullach und vor Au. Beide Landschaftsformen, Filze und Moose, bilden die Ebene zwischen den Bergen und den Flüssen Mangfall und Inn. Ihren Boden bedecken Riedgräser, Moosbeeren und -veilchen, Fettkraut und Sonnentau, Zwergbirken, Zwergföhren und Moorkiefern; eine Vegetationsform, wie man sie hauptsächlich dort vorfindet wo einst Eis und Schnee das Land bedeckte: am Alpenrand, in Norddeutschland und Skandinavien. Erst der Mensch rang dem Moor durch die Entwässerung mittels Kanälen und Wassergräben mühsam bebaubares Land ab. Seine Ansiedlungen aber beschränkten sich auf die Randgebiete, so daß sich die Orte heute wie ein Ring um die feuchte Ebene legen.

Zeugnisse für die frühe Landgewinnung des Menschen im Moor gibt es viele. Eines davon dürfte die Niederlassung Pullach südlich von Bad Aibling sein, vor deren Tor praktisch die Filze beginnen, die früher wahrscheinlich einmal näher an die Mangfall im Norden heranreichten. Pullach war zwar nie ein selbständiger Ort, ist aber trotzdem sehr alt. Im 12. Jahrhundert erscheint im Falkensteiner Codex ein Chuno de Puoloch, und im 14. Jahrhundert wird erstmals ein Gutshof in Pullach erwähnt. Gutshof und Schloß dürften demnach noch wesentlich älter

sein, und die Herren von Pullach – später bekannt unter dem Namen Auer – hatten deshalb vielleicht erheblichen Anteil an der Urbarmachung der Sumpfwiesen und Moorlandschaft rund um ihren Besitz. Mit Sicherheit dürften sie bestrebt gewesen sein, ihre Ländereien zu vergrößern und ihre Erträge zu steigern, indem sie die vorgefundenen Naßwiesen durch Gräben entwässerten. So war es wahrscheinlich ihr Verdienst, daß sich heute rund um Pullach eine für Weidewirtschaft geeignete Wiesenlandschaft ausbreitet und Moos und Filze zurückgedrängt wurden. Aber nicht alle Orte haben anscheinend den Kampf mit dem Moor gewonnen. Drei sehr frühe Städte sollen ihm schon früh zum Opfer gefallen sein: »Kaltafa« in der Nähe von Au, »Mekka« im Eulenauer Filz und »Dantala« unweit von Pfraundorf. Sonntagskinder mit »reinem Herzen« können noch heute zu bestimmten Zeiten die Silhouetten dieser frühen Ansiedlungen in den Moortümpeln sehen. Zugegeben, die Vorstellung entbehrt nicht einer gewissen Magie, doch schon allein die Art des Zusammenlebens in der Frühzeit der Besiedelung in diesen Breiten dürfte dagegen sprechen; deren Größenordnungen bewegten sich im Bereich von Sippenverbänden oder lockeren Verbindungen mehrerer Familien. Doch vielleicht machen wir uns falsche Vorstellungen darüber, steckt nicht in jeder Sage auch ein Körnchen Wahrheit? Immerhin soll man bei Grabungsarbeiten für den Bau der Reichsautobahn unweit von Dettendorf angeblich auf Wälle und Holzpfähle gestoßen sein, die auf ehemalige Pfahlbauten schließen lassen.
Dettendorf liegt etwas oberhalb der Talsohle am Beginn des Irschenberges, also dort, wo sich einst das Ufer des Sees befunden haben dürfte. Ein Indiz dafür, daß am Rande des Rosenheimer Sees bereits Menschen siedelten? Von Zeit zu Zeit finden sich an unvermuteten Stellen immer wieder Gegenstände von Menschenhand wie Scherben, Gefäße und bearbeitete Hölzer.
Gab es also früher wirklich mehrere Ortschaften im Bereich des Sees oder später auf dessen Boden, die irgendwann von den Bewohnern verlassen wurden und dem sumpfigen Untergrund zum Opfer fielen? Oder handelt es sich bei allen drei sagenhaften Städten um ein und denselben Ort, dessen Name und Lage nur durch die ständig wiederholte mündliche Überlieferung entstellt und verschieden interpretiert wurde? Das Moor, ob im Mondlicht, im Morgengrauen oder während der Abenddämmerung, empfindet der Mensch überall gleich beklemmend. Die Nebelschwaden, die aus niedrigem Gebüsch und verkrüppeltem Geäst verschwommene Fantasiefiguren schaffen, waren deshalb häufig der Ausgang uralten Sagenstoffs, der sich heute nur mehr schwer behauptet. Auf jeden Fall passen derartige Geschichten ins Bild dieser geheimnisvollen Landschaft! Schließlich, man kann ja nie wissen . . .

Arbeitertrupp in Nicklheim um 1910 beim »Torfkasteln« mit der Wurstlmaschine.

Die Filze haben jedoch nicht nur Orte verschlungen, einige verdanken ihrem Bodenschatz – dem Torf – auch die weniger sagenhafte Entstehung: Kolbermoor und Nicklheim.
Am 31. Oktober 1857 wurde die Bahnlinie München–Holzkirchen–Aibling–Rosenheim eröffnet, und zwei Jahre später entstand mitten im »Kolbermoor« eine Haltestelle, um das billige Brennmaterial Torf aus dem neuerrichteten Preßtorfwerk zu verladen. Der Torf wurde vor allem zum Betrieb der dampfgetriebenen Eisenbahnen, für die Brauereien und die Saline in Rosenheim gebraucht. Schnell wuchsen um die Haltestelle Häuser aus dem Boden, wurden Unterkünfte für Saisonarbeiter errichtet und entstanden kleinere Betriebe, die die günstige Nähe von Bahnhof und Energieträger Torf zu schätzen wußten. Unter anderem wurden eine Baumwollspinnerei, eine Glasfabrik und ein Tonwerk aufgebaut. Am 2. August 1863 wurde Kolbermoor eigenständige Gemeinde, 1868 bekam es am Ende der zentralen Rosenheimer Straße seine eigene Kirche, und bereits am 19. Februar 1936 wurde es zum Markt und am 21. September 1963 zur Stadt erhoben. In seiner Entwicklung überflügelte Kolbermoor viele ältere umliegende Siedlungen und Gemeinden, wie etwa Pullach und Mitterhart, die inzwischen zum Stadtgebiet von Kolbermoor gehören. Auf Moor und Torf deutet in Kolbermoor heute nichts mehr hin; aus der ehemaligen Bahnstation und Arbeitersiedlung ist eine moderne, aufstrebende Stadt geworden.

Frühlingsboten im Naturschutzgebiet der Kalten.

Ganz anders Nicklheim in der Nähe von Raubling. Das Dorf ist weit und breit die jüngste Ansiedlung und liegt noch immer am weitesten vorgeschoben im Moor. Erst 1876 wurde durch die Anlagen zur Torfgewinnung der Grundstein für die Ansiedlung gelegt, und das Dorf als solches entstand gar erst 1907/08. Dort, wo es sich heute befindet, dehnte sich zu Anfang des Jahrhunderts noch das in Jahrtausenden gewachsene Moor aus. Erst die Entwässerung und der Abbau der oberen Torfschicht machten eine Bebauung überhaupt möglich. Von der alten Ortschaft Raubling aus (Rupilinga, wahrscheinlich schon im 8. Jahrhundert besiedelt, unter Umständen sogar

Birkenallee in der Roten Filze bei Wasserwiesen.

schon Römersiedlung), das zwischen Inn und Moor liegt, wurde der Torfabbau in Richtung Kollerfilze auf Großholzhausener Gemeindegebiet vorangetrieben. Ludwig Ehrenreich schildert in seiner Dorfchronik über Nicklheim die Strapazen der Torfarbeiter sehr anschaulich. Da nur in den Monaten April bis Juli gearbeitet wurde, mußte praktisch das gesamte Jahrespensum in dieser Zeit erwirtschaftet werden. Gearbeitet wurde in diesem Zeitraum deshalb von früh bis spät in die Nacht, bezahlt wurde nach im Akkord gestochenen Kubikmetern. Kernstücke der technischen Hilfe waren die für den Abtransport unentbehrlichen Feldbahnen mit ihren torfbeheizten Dampflokomotiven und die Wurstelmaschinen, die den gewonnenen Torf in brikettartige Stücke preßten. Inzwischen hat sich sehr viel geändert in Nicklheim, denn der Torf hat seine Bedeutung als Energieträger verloren. Wurstelmaschinen findet man keine mehr, und die Dampflokomotiven haben schon lange ausgedient, aber das »braune Gold« wird noch immer abgebaut – mit modernen Fräsen und zeitgemäßen Bahnen. Das gewonnene wertvolle Produkt wird jetzt zur Veredelung von Humus, Pflanz- und Blumenerde verwendet, wobei der in diesem Bereich abgebaute Torf (Schwarzer Torf) so hochwertig ist, daß er teilweise mit weniger ergiebigeren Sorten – auch aus dem Ausland – gestreckt wird. Erhalten blieb der Arbeitsrhythmus, daß nur im Sommer abgebaut und im Winter verarbeitet wird.
Durch sein Torfwerk und die isolierte Lage mitten in den Filzen ist Nicklheim im Gegensatz zu Kolbermoor mit dem Moor weiterhin eng verbunden. Daran wird das Dorf noch erinnert werden, wenn die Filze längst ausgebeutet und in der heutigen Form nur noch in Resten als Anschauungsunterricht für unsere Nachkommen vorhanden sein wird, denn der Name Nicklheim verweist auf den ersten Aufseher des Betriebes, den Torfbaumeister Joseph Nickl und seine vielköpfige Familie.
Einst als Arbeitersiedlung im Dienste des Torfabbaus gegründet, ist das »neue« Dorf Nicklheim inzwischen für viele, die hier Arbeit suchten und fanden, zur Heimat geworden.

Wer der besonderen Landschaftsform »Filze« abseits jeglicher Besiedlung einen Besuch abstatten will, der sollte beim Weiler Wasserwiesen an der Landstraße Rosenheim–Au in die Jahrtausende alte Moorlandschaft wandern. Ausgangspunkt ist die Bushaltestelle. Die Ausrichtung des Wegs von Nord nach Süd erweist sich wegen der besseren Gebirgssicht als vorteilhaft. Man hat beständig das Panorama des Wendelsteins vor Augen, ganz so, wie es Leibl und Sperl so gerne malten, mit der ganzen Fülle der Pflanzenwelt des Moores im Vordergrund. Zwischen den großen Fischweihern hindurch kommt man erst in dichten Nadelwald, bis dieser nach etwa zehn Minuten unvermittelt in eine Birkenallee, niederes Buschwerk und die typische Moorlandschaft übergeht. Der breite Weg mündet in einen schmalen Trampelpfad, auf dem man weiterwandern kann bis Wiechs und Bad Feilnbach, Derndorf, Litzldorf, Klein- und Großholzhausen (Busverbindungen!). Doch man muß die Natur respektieren und sollte daher nicht die Pfade verlassen, oder noch besser, nur soweit gehen, wie der Weg gut ausgebaut ist: bis etwa in die Mitte der Filze; die empfindliche Vegetation wird es danken.
Wenn man einen schönen Tag für eine Tour ins Moor auswählt, wird man angetan sein vom eigentümlichen Charakter dieser Landschaft, von der Ruhe und der Leuchtkraft der Farben seltener Pflanzen. Hängen aber düstere Wolken tief am Himmel, ziehen Nebelschwaden im Dämmerlicht umher, dann könnte es gar sein, daß man zum Spielball seiner Fantasie wird und beim entfernten Pullach an der »weißen Wand« des Mangfallsteilufers vermeintlich den hellen Schein der verwunschenen Burgfrau über die Ebene leuchten sieht.
In einer derart mystischen Moorlandschaft voller Geschichten und Sagen, in deren Lebensraum der Mensch immer nur ein Eindringling war, spielen einem die Sinne schnell einen Streich. Wer könnte es da verdenken, wenn die Worte der Dichterin Droste-Hülshoff plötzlich einen tieferen Sinn bekommen: »Ja, im Geröhre war's fürchterlich, oh, schaurig war's in der Heide!«

Aeni und Pons Aeni

Der Inn und Rosenheim

Dort, wo der Weg einst am Wasser endete, stand ein Mann und blickte über den Inn. Ein beladener Schiffszug glitt stromab, und die Kommandos des »Sößstallers«, des Schiffführers, hallten über den Fluß. Die Schiffe waren mit Fässern und Ballen hoch beladen, und auf dem letzten flachen Boot standen schwere Rösser. Der Mann wartete ab, bis die Boote passierten, dann legte er beide Hände kreisförmig wie einen Schalltrichter um den Mund und rief lautstark gegen die Wassergeräusche und die Entfernung an: »Fährmann, hol über!« Vom anderen Ufer löste sich ein großer Kahn und bewegte sich langsam schräg zur Strömung auf ihn zu. Mehrere Leute waren inzwischen zu ihm gestoßen und warteten wie er auf das Anlegen des flachen Bootes, eines sogenannten »Mutzen«. Bald lief der Bug knirschend auf den Sand des flachen Ufers. Die Wartenden, ein Handwerksbursch, ein Spielmann mit Instrument, ein fliegender Händler mit aufgepackter Ware und der Reisende, fanden darauf Platz, und der Fährmann legte wieder ab.

Lange Zeit war diese Art des Übersetzens mit den »Mutzen« und den für größere Lasten und Fuhrwerke geeigneten Seilfähren zwischen Kufstein und Rosenheim die einzige Möglichkeit des Kontaktes zwischen den beiden Seiten des Inns. Heute sind es zahlreiche Brücken, die die Verbindung aufrechterhalten. Aber der »Rufer« steht noch immer am Fluß und blickt vergeblich zur anderen Seite hinüber, stumm und aus Stein gehauen, an der Innbrücke bei Nußdorf.

Das Übersetzen über den Inn stellt heute kein Problem mehr dar. Grund dafür sind aber nicht allein die zahlreichen Brücken, sondern auch die Regulierung des Flusses in einem begrenzten, schmalen Bett. Kaum jemand, der in wenigen Sekunden trockenen Fußes mit dem Auto auf Beton über das Wasser rollt, macht sich das andere Aussehen und die Bedeutung des Inns vor noch nicht allzuferner Zeit bewußt.

Der heute in ein künstliches Bett gezwängte Fluß dehnte sich noch bis ins letzte Jahrhundert zehnmal so breit aus wie heute, stellenweise über 2 Kilometer! Über 100 Jahre dauerte seine Bändigung. Erst 1925 war die Begradigung des Inns bis Rosenheim fertig, vorher bestand er aus weitem Schwemmland, zahllosen Nebenarmen und Inseln. Durch sein wechselndes Überschwemmungsgebiet waren die Uferstreifen bis vor die Tore Rosenheims versumpft und morastig. Die Auenlandschaft der Happinger Seenplatte südlich der Stadt gibt noch ein Bild des ausgedehnten Gewässers ab, wenn auch das Umland inzwischen weitgehend trockengelegt werden konnte.

Schiffszug beim »Treideln« am Inn, Gemälde.

Weil sich der Lauf des Inns ständig änderte, mußten auch die Straßen weitab verlaufen. Bei Hochwasser waren sie aber trotzdem genauso betroffen wie die Dörfer und der Markt Rosenheim. Der höchste Wasserstand wurde noch im Frühjahr 1940 gemessen, als die überschwemmten Straßen und Plätze der Innstadt einen Hauch von Venedig verbreiteten.
Stärker überschwemmt wurde stets das westliche Ufer. Obwohl der Inn östlich ebenfalls weit über seine heutige Breite hinausreichte, war diese Seite zum Anlanden der Schiffe besser geeignet. Das kam den Orten in diesem Bereich zugute. Vor allem Neubeuern profitierte davon, es gab zahlreiche Schiffsmeister, und die dort gebrochenen Wetz- und Mühlsteine konnten direkt verladen werden. Der Ort war reich und wäre noch wichtiger geworden, wenn der Inn das geblieben wäre, was er seit alters her war: die Lebensader des österreichischen und bayerischen Inntales, Transport- und Handelsweg. Zwei Dinge sollten dem östlichen Ufer seine Bedeutung jedoch streitig machen: die Eisenbahn und die Autobahn, beide auf der westlichen Seite des Inns. Die Eisenbahn war es zuerst, die der Wasserstraße den Rang ablief.

Die letzte Personenfähre über den Inn in der Nähe von Fischbach.

Das Schiff war der Bahn zeitlich weit unterlegen, denn es brauchte für die Strecke Rosenheim–Kufstein mindestens einen ganzen Tag, von Rosenheim bis Hall gar acht bis elf Tage. Auch der kurzfristige Einsatz von Dampfschiffen konnte daran nichts mehr ändern. Die Zeit für die Innschiffahrt war abgelaufen. 1858 verkehrten die letzten Frachtschiffe – sie brachten die Eisenbahnschienen für die Trasse nach Österreich.
Der Inn änderte sein Gesicht, die Schiffszüge und Flöße prägten nun nicht mehr das Bild. Betroffen waren auch die Menschen in den Dörfern und Orten an den Ufern, hatten sie doch bisher mit und von der Schiffahrt gelebt. Es gab kaum ein Haus oder eine Familie, die nicht auf irgendeine Weise mit der Schiffahrt verbunden war. Das reichte bis hinauf zum Samerberg, wo die schweren Rösser für die Treidelzüge gezüchtet und bereitgestellt wurden. Die Leute arbeiteten auf den Schiffen, beim Be- und Entladen an den Anlegestellen, als Bootsbauer, Versorgungsunternehmen der Mannschaften oder als Schiffsreiter und Pferdeknechte der Treidelzüge.
»Treideln«, so wurde das Ziehen der Schiffe gegen den Strom bezeichnet; eine harte Arbeit, die den Einsatz vieler Pferde und Arbeitskräfte erforderte. Die schweren Rösser versanken oftmals bis zum Bauch im Wasser oder in Morast und Schlamm, wenn die Treidelwege von vorangegangenem Regen oder Überschwemmungen aufgeweicht und rutschig waren, und nicht selten verursachten reißende Zugseile und die starke Strömung schwere Unfälle. Manchmal mußte auch die Uferseite gewechselt werden, wenn der Weg endete oder nicht mehr passierbar war. Mannschaft und Pferde wurden mit Plätten übergesetzt, aber nicht selten mußten die Pferde auch durch den Fluß

schwimmen. Die Männer selbst konnten selten schwimmen, so daß viele umkamen, wenn sie ins Wasser stürzten. Votivtafeln in den Kirchen entlang des Inns geben ein beredtes Zeugnis davon ab. Das Rosenheimer Heimatmuseum besitzt zwei davon, und eine befindet sich an der Außenmauer der Kirche von Kleinholzhausen. In Wort und Bild überliefern sie uns Schiffsunglücke aus den Jahren 1833 und 1860, bei denen unter anderem ein Johan Baulacher aus Pfraundorf und ein Franz Stadler Mittermauer aus der Au ertranken.

Oft wurde überhaupt nicht der Versuch gemacht, dem Ertrinkenden zu helfen; die Unglücklichen galten als Flußopfer, die man dem Strom überließ, um weiteren Schaden von Fracht und Mannschaft abzuwenden.

Daß manchmal auch die Schiffe im reißenden Strom kenterten, bezeugen Funde von langlebiger Fracht (Metalle), die der Fluß heute noch gelegentlich freigibt: Waffen, Schmuck und Münzen. Trotz aller Zwischenfälle herrschte auf dem Inn reger Schiffsverkehr. Schon im 14. Jahrhundert bestand Verbindung zwischen Hall in Tirol und Ungarn. Aus dem Gebirgsland kamen Erze, Kupfer und Silber und aus Ungarn Korn, Getreide und Wein. Transportiert wurden darüber hinaus Menschen, Salz, Tabak, Vieh, Kriegsgerät und noch vieles mehr; alles auf einzelnen »Plätten« (speziellen Innschiffen) und ganzen Schiffszügen, die aus drei beladenen und noch einigen Nebenschiffen bestanden. Man traf aber auch auf Prunkboote wie die Leibschiffe der Habsburger und Wittelsbacher.

Durch das Zusammentreffen der Flüsse Kalten, Mangfall und Inn ist Rosenheim in eine weite Auenlandschaft eingebettet.

Die Fahrt flußauf wurde die »Hohenauffahrt« genannt, dabei mußten die Pferde ziehen; flußab, bei der »Naufahrt« wurden sie aufgeladen und durften mitfahren. Ein Schiffszug gegen den Strom bestand aus mindestens drei Schiffen: der »Hohenau« (dem ersten), der »Nebenbei« und dem »Schwemmer«. Selten wurden die Schiffe mehrmals benutzt, in der Regel wurden sie am Zielort mit der Ware verkauft oder zerlegt.

Auf dem Handelsweg Inn kamen auch Güter aus dem Süden, Früchte, Seide und andere Stoffe aus Italien. Auf ihm gelangte aber noch etwas anderes nach Bayern, etwas, das die Ortschaften am Inn bis heute prägt: ein südländischer und heiterer Baustil, mit bunten, aufgesetzten Fassaden auf geschlossenen Häuserzeilen in dichtgedrängten und verwinkelten Städten mit engen Gassen, Arkaden und Hinterhöfen. Auch das Wesen der Einwohner wurde von der südländischen Atmosphäre beeinflußt. Im Gegensatz zu den wortkargen, zurückgezogenen Dörflern in den Bergen waren die Anwohner am Inn durch die Konfrontation mit anderen Kulturen geselliger und aufgeschlossener.

Die Berührung mit Italien fand aber nicht erst im Mittelalter statt. Bereits die Römer kannten den Inn und nannten ihn Aeni. Neben seiner Bedeutung als natürliche Grenze zwischen ihren Provinzen Norica und Rätien wurde er ab Rosenheim wahrscheinlich schon als Transportweg genützt, während der unberechenbare Gebirgsfluß im Oberlauf nicht mehr als ein Hindernis gewesen sein dürfte. Seine hohe Fließgeschwindigkeit und seine Breite machten den Brückenbau beinahe unmöglich und setzten eine gute Standortwahl für einen Brückenschlag voraus. Den ersten geeigneten Platz flußabwärts schienen die Römer allerdings gefunden zu haben: Pons Aeni, etwas nördlich von Rosenheim bei Pfaffenhofen gelegen. Inwieweit Rosenheim selbst dadurch bereits eine Römergründung ist, läßt sich heute nicht mehr genau zurückverfolgen, auf jeden Fall aber verdankt die Stadt dem Inn und vor allem seinen Brücken ihren Aufstieg und ihren Werdegang. Bereits die Garnisonsstation Pons Aeni war als Grenzort und Schnittpunkt zweier wichtiger Römerstraßen ein bedeutender Verkehrsknoten. Materialien und Formen der Brücken haben von Holzkonstruktionen über Eisen zu Stein gewechselt, doch die Standorte der Brückenschläge sind nahezu die selben geblieben.

Das Rosenheim, das wir heute kennen, wurde erstmals 1234 in einer Urkunde des Grafen Konrad von Wasserburg belegt. Darin ist die Rede vom Schloß Rosenheim und dem dazugehörigen vor dem Schloß liegenden Hof. Bis zu dieser Niederschrift sind die Verhältnisse unklar, doch kann man getrost Konrad von Wasserburg für den Begründer dieser Burg halten. Dafür sprechen das Rosenheimer Wappen und der Name von Schloß und Stadt, denn auch das Wappen der Wasserburger Grafen zierte bereits eine Rose. Mit dem Grafen Konrad als Begründer endete der Einfluß der Wasserburger Linie auf die Rosenheimer Geschichte jedoch schon wieder, denn mangels eines männlichen Nachfolgers ging das Schloß an Konrads Vetter Herzog Otto von Bayern über. Der Graf ahnte sicher nicht, daß er mit der Gründung Rosenheims seiner Heimatstadt Wasserburg keinen großen Gefallen tun sollte. Es dauerte nicht lange, da hatte der südlicher gelegene Ort der alten Innstadt den Rang abgelaufen.
1328 erhielt Rosenheim bereits das Marktrecht, und infolge des Rechtes von 1333, Anwohner aus dem Gerichtsbezirk als Bürger aufzunehmen, wuchs die Einwohnerzahl rasch an. Ausschlaggebend für den schnellen Aufstieg waren aber wohl die günstige Lage an der Salzstraße nach Tölz, das Recht der »Salzniederlage« (Lagerung) von 1505 und nicht zuletzt das Ausschüttrecht. Dieses entscheidende Privileg erteilte Rosenheim das Recht, die »Ausschüttung« der Wagen- und Schiffsfrachten zu verlangen. Dem Verkauf innerhalb einer gewissen Frist (ein Tag) durfte sich der Händler nicht verschließen, wodurch die stromab fahrenden Schiffe schon sehr erleichtert in Wasserburg ankamen.
Die Stadt wuchs weiter, und ihre Bürger wurden immer wohlhabender, bis der Dreißigjährige Krieg, die Pest 1634 und ein katastrophaler Stadtbrand 1641 die Entwicklung bremsten.
Einen neuerlichen Aufschwung brachte jedoch wiederum das Salz. Im Abbaugebiet Reichenhall mangelte es an Brennmaterial für eine Saline, und so legte man eine Soleleitung nach Traunstein. Da aber schon bald auch die dortige Kapazität an Brennholz erschöpft war, führte man 1811 eine Abzweigung der Leitung nach Rosenheim. Auf dem Gelände eines abgerissenen Kapuzinerklosters fand die neue Saline Platz. Für die nötige Energiezufuhr sorgte die Holztrift über Leitzach und Mangfall und der Torfabbau großen Stils rund um Kolbermoor.

Die Saline war von 1810 bis 1958 in Betrieb. Dazu gesellten sich im Zuge der Industrialisierung zahlreiche Fabriken und Werke aller Richtungen, Weber und Färber, Hammerwerke (Messing) und die holzverarbeitenden Betriebe, deren hoher Stand in der Gründung eines Holztechnikums Ausdruck fand, das den heutigen Ruf Rosenheims als Holzstadt begründete. Der neuerliche Aufschwung brachte einen großen Zuzug von Arbeitskräften mit sich und damit ein weiteres Anwachsen der Einwohnerzahl. So war es nur eine logische Folgerung, daß Rosenheim 1864 zur Stadt erhoben wurde.

Zu den zahlreichen baulichen Zeugnissen der Vergangenheit, die diesem Anwachsen zum Opfer fielen, gehörten fünf der sechs Stadttore. Verschwinden mußten aber auch die Wassergräben, die den Markt anstelle einer Stadtmauer wie eine Burg umschlossen. (Der Weg durch die Tore führte jeweils über eine Brücke, was zwar früher zur Kontrolle der Warenaus- und -einfuhr bestens geeignet gewesen war, den Verkehrsfluß aber hemmte.) Das Zentrum der Stadt mit seinen typischen Innstadtfassaden bietet noch immer das Bild eines südländisch beeinflußten Ortes. Diesen Eindruck verstärken im Sommer die Gaststätten und Cafés, die mit ihren Tischen und Stühlen auf dem autofreien Max-Josephs-Platz ein südliches Ambiente schaffen.

Der Inn spielt nicht mehr die Rolle wie früher, aber die günstige Lage der Stadt ist geblieben. Wieder ist sie der Schnittpunkt wichtiger Verkehrswege. Was früher die Römerstraßen bei Pons

Geschäftiges Treiben im Herzen von Rosenheim unter den Türmen der Stadtpfarrkirche St. Nikolaus (Bildmitte) und der Heilig-Geist-Kirche.

Aeni und der Wasserweg Inn waren, das sind heute Eisenbahn und Autobahn als Verkehrsadern vom und zum Süden und Südosten Europas. Sie machen Rosenheim abermals zum Etappenort wichtiger Handelswege und damit zum Geschäfts- und Kulturzentrum des südostbayerischen Raumes.

Rosenheim hatte aber auch eine Zeit-

Am letzten Augustwochenende beginnt Rosenheims »fünfte Jahreszeit«: das traditionelle Herbstfest.

lang einen Ruf, der nicht so recht in das Bild einer geschäftigen Industrie- und Handelsstadt passen will, nämlich den einer Kurstadt. 1714 errichtete der Rosenheimer Bürgermeister Wolfgang Jacob Ruedorffer ein Badehaus bei einer Quelle, die dem Marktarzt Tobias Geiger bereits 100 Jahre früher aufgefallen war. Das Wasser war rötlich und roch etwas schweflig, weshalb ihm Geiger heilende Kräfte zuschrieb. Für damalige Verhältnisse war das Bad recht groß. In zwei Stockwerken besaß es zehn Badezimmer mit 38 hölzernen Wannen. Wegen des kupferfarbenen Wassers, in dem man erst nur badete, das man später aber auch trank und dampfend inhalierte, bekam das Bad den Namen »Küpferling«.

Als die Soleleitung nach Rosenheim kam, wurde der Badebetrieb noch ausgebaut, indem man auch die Heilkraft des Salzes nutzte. Neben dem alten »Küpferling« entstand um 1820 ein zweites, noch weitaus größeres Badehaus mit Soledampf- und Solebadanwendungen. Der Beliebtheitsgrad des Bades stieg, nicht zuletzt mit den zunehmenden Meldungen über Heilerfolge. Verordnet und angewandt wurde eine Kur in Rosenheim bei fast allen Krankheiten, auffällig oft aber bei Symptomen, bei denen Ärzte und Bader ratlos waren. So wurden 1773 unter anderem folgende Indikationen aufgeführt: »Schlagfuß, Lähmung, Migren, Strauchen und Schnupfe, flüssige Augen, schmerzliche Spannung des Genücks, Ohrenknall, Verstopfung der Leber, der Milz, der Gekreese, Hypocondrie, anfangende Gelbsucht, Windsucht, Kachegsie, geschwulstige Aufblähung des ganzen Leibes, allzu große Zärtlichkeit der Nerven, Unvermögen des Urinlassens und dessen beständiges Fort-Tropfen, Lustseuche, Scharbock, Kräzen, Abzehrung und Magerkeit«. Das Bad hieß jetzt nicht mehr nur »Küpferling«, sondern »Mineral-Sool-Badeanstalt« und wurde jährlich von etwa 300 Kurgästen besucht. Unter sie gesellte sich auch der Deutsche Kaiser und König von Preußen, Wilhelm I. Wenn er auch nur einige Male für zwei Tage Zwischenstation auf der Fahrt nach Bad Gastein machte, reichte es immerhin, um dem Bad den Status und den Namen »Kaiserbad« einzutragen, als das es bis heute in der Erinnerung der Rosenheimer haften blieb.

Gegen Ende des letzten Jahrhunderts blieben die Gäste mehr und mehr aus, und um 1900 wurde der Badebetrieb endgültig eingestellt. Das Badehaus »Kaiserbad« blieb zwar noch lange stehen, aber 1985 wurde mit seinem Abriß auch das letzte Relikt aus Rosenheims Kurortära getilgt. Das alte Gemäuer mußte einem Parkplatz weichen. Als Reminiszenz an diese verflossene Zeit wollen wir unseren Spaziergang durch Rosenheim in der Nähe dieses historischen Platzes beginnen, direkt gegenüber bei unserer ersten Sehenswürdigkeit Rosenheims, der Loretokapelle. 1635/36 errichtete der Bürgermeister Georg Schauer diese Kapelle als Erfüllung eines Gelöbnisses, das er wegen einer Erkrankung auf einer Italienreise geleistet hatte. Die Kapelle ist eines jener zahlreichen bayerischen Gotteshäuser, die nach dem Vorbild der italienischen Loretokirche gebaut sind und zugleich eines der maßgetreuesten. Die kleine Kapelle ist auch Namensgeber des großen Platzes davor, der Loretowiese. Auf ihr finden alle größeren Ereignisse wie Zirkusveranstaltungen oder Ausstellungen statt. Seinen Bekanntheitsgrad erlangte der Platz allerdings durch das alljährliche Herbstfest. Dieses traditionelle Volksfest beginnt immer am letzten Augustwochenende, dauert zwei Wochen und ist Rosenheims »fünfte Jahreszeit«. Das erste Volksfest fand bereits 1861 statt, dauerte drei Tage und hatte durch die eben erst eröffnete Eisenbahn schon zahlreiche Besucher. Mit verschieden langen Abständen und unterschiedlichen Erfolgen wurden die Volksfeste wiederholt, bis sich ab 1933 das »Herbstfest« durchsetzte. Nur während des Zweiten Weltkriegs wurde dieses beliebte Volksfest eingestellt, von dem jeder Rosenheimer glaubt, daß es viel schöner sei als das Münchner Oktoberfest. An dem während des Herbstfestes als Bierzelt fungierenden Allzweckbau, der Inntalhalle, entlang gelangen wir weiter zum

In Westerndorf, das heute auf Rosenheimer Stadtgebiet liegt, besticht die barocke Kirche Hl. Kreuz aus dem Jahre 1668 durch ihre originelle kreisrunde Form.

Kapuzinerkloster mit seiner Sebastiankirche, das nach dem Abriß während der Säkularisation auf dem Platz der späteren Saline hier eine neue Stätte fand. Dahinter liegt der parkähnliche Friedhof von Rosenheim. Wir gehen auf dem Kapuzinerweg vom Kloster weg, bis wir auf die Herbststraße und anschließend auf die Frühlingstraße treffen und folgen beiden geradeaus bis zur Kreuzung mit der Kaiserstraße. Dort wenden wir uns rechts zur Innenstadt. Hier wären wir früher durch das Wiesentor auf die Wiesengasse gekommen, doch wo einst Fuhrwerke in die Stadt rollten, brandet heute fast unaufhörlich der Verkehr. Wir folgen der alten Straße deshalb nur bis zur nächsten Querstraße und biegen wieder rechts ab. Vorher aber werfen wir noch einen Blick auf das kunstvolle eiserne Wirtshausschild vom Flötzinger-Bräu, das sich wohltuend vom heutigen Einerlei der Brauereischilder abhebt. Zwischen unserem Standpunkt und dem Wirtshausschild gewahren wir auf einem hohen Sockel über einem rechteckigen Brunnentrog eine Statue des hl. Florian, des Feuerschutzpatrons. Mit seinem Schaffensjahr 1850 ist der Floriansbrunnen eines der ältesten Baudenkmäler in dieser Straße. Folgen wir der kleinen Querstraße, gelangen wir zum Salzstadel, einem größeren Platz mit Parkfläche, der, wie der Name schon sagt, eng mit der Geschichte Rosenheims verbunden ist. Hier wurde die wichtige Handelsware Salz auf ihrem Weg ins bayerische Oberland zwischengelagert. Die älteren Häuser am Platz vermitteln deshalb den Eindruck von Lagerhäusern.

Auf der engen Ruedorfferstraße erreichen wir den größten Platz des ehemaligen »Äußeren Marktes«, den Ludwigsplatz mit dem »Grünen Markt«, auf dem täglich frische Gärtnerware angeboten wird. Sofort nach der Einmündung der Ruedorfferstraße stoßen wir auf den »Fischerbrunnen«, dem Nachfolger des 1868 abgerissenen Aman-Bäck-Brunnens. Hier boten die Rosenheimer Fischer noch vor nicht allzulanger Zeit ihren Fang an. Das Brunnenbuberl mit dem Fisch in der Hand erinnert daran, während die Marienfigur des alten Brunnens an der Gebäudefront des Finsterwalderhauses eine neue Heimat fand. Vom Ludwigsplatz führt das letzte übriggebliebene Stadttor, das Mittertor, auf den Max-Josephs-Platz. Zusammen mit der Pfarrkirche und der Heilig-Geist-Straße bildete dieser den »Inneren Markt«. Durch das alte Mittertor, in dem einst der Marktschreiber seinen Sitz hatte und heute das Heimatmuseum untergebracht ist, blickt man in das »Herz der Stadt«, die ehemalige »Schranne«, den heutigen Max-Josephs-Platz. Seit dieser zentrale Platz mit seinen Häuserfronten in der Inn-Salzach-Bauweise wieder vom Kfz-Verkehr befreit wurde, hat er etwas von dem Flair zurückerhalten, das auf alten Abbildungen, wie sie etwa der königlich bayerische Landgerichtsassessor Wilhelm Doppelmayr zwischen 1810 und 1816 zeichnete. Aus den Arkadengängen heraus genießt man immer wieder überraschende Blicke mit wechselnden Motiven auf das Stadtbild. An Haus Nr. 22 weist eine Tafel auf das alte Rathaus (1641–1878) hin. Neben Doppelmayr war es kein Geringerer als der beliebte Maler Carl Spitzweg, der das alte Rathaus auf das Papier bannte. Am Haus Nr. 7 finden wir den »Vater Inn« mit einer von Pferden gezogenen Plätte auf den Schultern, und schräg gegenüber ist heute das holztechnische Museum untergebracht.

Den Beginn der Heilig-Geist-Straße markiert der beliebte Nepomukbrunnen aus dem 18. Jahrhundert. Wie beim »Vater Inn« ist auch bei ihm die Verbindung zur Innschiffahrt unübersehbar, denn der hl. Nepomuk wurde wie der hl. Nikolaus als Patron der Schiffer verehrt.

Der zweite markante Turm, der über das Zentrum Rosenheims hinausragt, gehört zur Heilig-Geist-Kirche, die auch der Straße den Namen gab. 1499 stiftete sie der Rosenheimer Bierbrauer Hans Stier. Seine Familie konnte die Kirche durch einen eigenen Eingang vom Haus her erreichen. Dieses in die Häuserfront integrierte unscheinbare Gotteshaus birgt einen der größten Rosenheimer Kunstschätze: ein restauriertes Luccabild aus dem 15. Jahrhundert. Dort, wo heute die Fußgängerzone in den Busbahnhof übergeht, endete einst der »Innere Markt« mit dem Heilig-Geist-Tor. Wir jedoch verlassen den »Inneren Markt« nicht hier, sondern dort, wo ihn das Münchner Tor abschloß, an der Kreuzung mit der Rathausstraße. Wenden wir uns dann nach links, dann treffen wir auf einen Teil jüngerer Rosenheimer Stadtgeschichte.

Der alte Bahnhof von Rosenheim ist seit 1878 zugleich das neue Rathaus. Der Bahnhof kam bei Ludwig Steub nicht gerade gut weg, wenn dieser um die Mitte des 19. Jahrhunderts bemerkte, daß die Erfrischungshalle nicht größer als ein »Herrenstüberl« sei, und die dicke Samariterin hinter der Theke bei Zwischenaufenthalten von mehreren Zügen mit der Ausgabe von Essen und Getränken total überfordert war: »Die Reisenden, welche sechs, sieben Mann hoch übereinander drängen, kreischen und schelten und die Glücklichen in der vordersten Reihe, welche ihr Bierglas und ihre Wurstsuppe errungen haben, beschütten, indem sie sich wieder herauswinden, die übrigen, die noch warten!« Dort, wo sich damals die Reisenden vor dem Betreten der unrühmlich geschilderten Lokalität auf den Bahnsteigen drängten, verläuft heute die Rathausstraße. Im Zweiten Weltkrieg wurden die Gleisanlagen vollkommen zerstört und daraufhin an den Südrand der Altstadt verlegt. Geblieben aber sind das Rathaus im alten Bahnhof und auf der anderen Seite der kastaniengesäumten Rathausstraße der ehemalige Lokschuppen, der inzwischen zu

einem vielbeachteten Ausstellungsgebäude umfunktioniert wurde.
Wir gehen ein Stück zurück und treten durch ein kleines Gartentor an der Ecke Bismarckstraße in den Riedergarten ein. Der wie ein botanischer Garten angelegte Park gehörte der angesehenen Rosenheimer Apothekerfamilie Rieder, bis diese ihn der Stadt verkaufte. Zusammen mit dem Salingarten ist der Riedergarten Rosenheims grüne Lunge. Über verschiedenste Sträucher, Bäume und Blumenbeete hinweg weist uns der Kirchturm den Weg zur Stadtpfarrkirche St. Nikolaus. Sie geht bereits auf den Anfang des 14. Jahrhunderts zurück und hat in der langen Zeit ihres Daseins viele bauliche und stilistische Änderungen erfahren. Heute präsentiert sie sich außen einheitlich neugotisch. Nur der Turm ist in seiner Form mit den vier markanten Spitzbogengiebeln unter der Zwiebelhaube seit dem Brand von 1641 kaum verändert. Und das, obwohl er sehr jung ist, denn wegen zu großer Baufälligkeit mußte er 1950 völlig erneuert werden.
Der Innenraum der Pfarrkirche ist geradlinig schlicht, doch geben Kreuzrippen im Gewölbe und die Seitenschiffe abtrennende Pfeiler dem hohen Raum eine eindeutig gotische Prägung, die den Blick nach oben zieht. Doch trotz ihrer beachtlichen Größe hat sie nichts von der Düsternis gotischer Kathedralen. Die Spitzbogenfenster lassen genug Licht auf die hellen Wände fallen, um den Raum freundlich auszuleuchten. Durch den spärlichen Kirchenschmuck kommen die wenigen Gemälde der Kirche umso mehr zur Geltung. Zu ihnen zählen das zentrale Altargemälde eines Barockkünstlers und das spätgotische Holzbild eines unbekannten Meisters am Muttergottesaltar im linken Seitenschiff. Profane und kirchliche Motive verbindet ein weiteres Bild, oder genauer, ein Mosaik von 1896 an der südlichen Außenwand von St. Nikolaus. Es stellt den Bezug Rosenheims einmal nicht zum Inn, sondern zu den nahen Bergen dar. Den Hintergrund der Madonna auf einem hölzernen Thron bilden Neubeuern und der Wendelstein. Die Verbindung zum Inn zeigt sich jedoch im Namen der Kirche, denn der hl. Nikolaus war – wie bereits erwähnt – ebenfalls ein Patron der Schiffahrt.
Zur Kirche gehört auch heute die Michaelskapelle, die aber nach einer Figurenszenerie in der Außenmauer »Ölberg« genannt wird. Unter dem steilen Dach dieses Gebäudes befinden sich vielfach genutzte Räumlichkeiten der Pfarrei. Steht man auf dem Platz zwischen St. Nikolaus und dem »Ölberg«, so befindet man sich auf dem Gelände des alten Friedhofs, der irgendwann im letzten Jahrhundert wohl aus Platzmangel verlegt wurde.
Jenseits des Ludwigsplatzes, östlich der Pfarrkirche St. Nikolaus, beginnt die Innstraße, die über die Brücke zum und nach Schloßberg führt. Hier am Ende des Ludwigsplatzes und am Beginn der Straße wurde der »Äußere Markt«

Der Sport hat in Rosenheim eine große Tradition.

durch das Inntor abgeschlossen. An der Straße über die Mangfall bis zum Inn befanden sich 1799 gerade sieben Häuser, sie führte ansonsten durch Wiesen und Felder. Unmittelbar nach Verlassen des Ludwigsplatzes marschieren wir rechter Hand an der Außenmauer der einstmals außerhalb des Marktes gelegenen Spitalkirche St. Joseph vorbei. Sie wurde 1618/19 errichtet und war das Gotteshaus des Bürger- und Armenspitals. In dem spätgotischen Bau dominiert ein Stilgemisch aus Barock und Rokoko mit Miesbacher Stuck; die Decke schließt als Tonnengewölbe ab. Alles in allem wird die Kirche viel zu wenig beachtet.

Die Innstraße dagegen hat nichts von ihrer ehemaligen Bedeutung als Verbindungsstraße zwischen dem Markt, dem Inn und dem Rosenheimer Schloß eingebüßt und ist heute mehr denn je ein belebter und auch lauter Verkehrsweg. Trotzdem wollen wir ihr bis zum Inn folgen, finden wir doch dort das Innmuseum und die Brücke vor, deren Vorgänger die Vergangenheit Rosenheims nachhaltig bestimmten. Das Museum bietet mit seinen Schiffsnachbauten und Modellen einen ausgezeichneten Überblick über die ehemalige Schifffahrt.

Derartig mit der hiesigen Geschichte vertraut gemacht, sollte man ein paar Schritte auf die Brücke tun und dem schnell dahinfließenden Inn zusehen. Bis hierher hat er schon rund 1300 Meter Höhenunterschied hinter sich, und trotz aller Regulierungsmaßnahmen und Staustufen ist er noch immer ein richtiger Gebirgsfluß. Das zeigt sich an den Tausenden von Tonnen Schwebstoffen (feinster Sand und Kies aus dem Hochgebirge), die sein Wasser mit sich führt. Sie sind es auch, die dem Fluß seine unverwechselbar smaragdgrüne Farbe verleihen. In dem Sand, den er transportiert, vermutete man früher Edelmetalle, und so wusch man auf den Sandbänken Gold. Lukrativ muß es nicht gerade gewesen sein, sonst hätte man die Goldwäscherei nicht wieder eingestellt. Nach größeren Schiffen, Plätten, Mutzen, Kähnen oder gar Dampfschiffen hält man heute vergeblich Ausschau, doch wenn man Glück hat, kann man Kajakfahrer beim Training beobachten. Diese Sportart besitzt schließlich durch die Erfindung des Klepper-Faltbootes in Rosenheim eine große Tradition.

Beim steinernen »Salzsackträger«, einer Plastik von 1960, die an die Bedeutung der Brücke für den Salztransport erinnert, verlassen wir diese wieder und folgen dem Flußufer in Richtung Norden. Man kann sich nur schwer der Faszination entziehen, die der Fluß vor dem Hintergrund seiner historischen Bedeutung ausübt. Hier mußten einst die Schiffe zum Be- und Entladen anlanden, wurden Mannschaften und Pferde gewechselt, Waren ausgeschüttet und gehandelt, und das alles im Angesicht des Rosenheimer Schlosses auf dem gegenüberliegenden Schloßberg. Für die Kontrolle des Schiffsverkehrs auf dem Fluß und für die Erhebung von Wegezoll war die Lage strategisch sehr bedeutsam. Sowohl der Landweg über die Brücke wie auch die Wasserstraße lagen genau im Blickfeld. Dieser Bedeutung mußte die Festung aber schließlich selbst Tribut zollen: Nach den Beschlüssen bei den Friedensverhandlungen des österreichischen Erbfolgekrieges wurde sie 1745 geschleift, und das so gründlich, daß kein Stein mehr auf die ehemalige Stätte hinweist.

Wir erreichen auf unserem Uferweg schon bald den »Innspitz«, die Stelle, wo die dunkelfarbige Mangfall mit beinahe stehendem Gewässer in den Inn mündet. In Wirbeln vermengt sich ihr klares Wasser mit dem des grünen Inns und wird mitgerissen von der Kraft des Alpenstroms. Mit versteinertem Blick sieht der Soldat eines Kriegerdenkmals zu Ehren der 1866 und 1870/71 Gefallenen zu. Er fand hier einen schönen, ruhigen Platz, nachdem er 1961 in der Stadt dem zunehmenden Straßenverkehr weichen mußte.

Auf der Westseite des Innspitzes wandern wir die Mangfall entlang zurück, bis wir diese über eine ehemalige Eisenbahnbrücke, die heute den Radfahrern und Fußgängern vorbehalten ist, überqueren können. Wir folgen nun Mangfall und Inn auf dem Damm unter weitausladenden Kastanienbäumen, bis linker Hand ein Weg zum Krankenhaus abbiegt. An der Klinik vorbei gelangen wir auf die Ellmaierstraße, der wir wegen des starken Verkehrsaufkommens rasch bis zur großen Kreuzung mit der Kaiserstraße folgen. Hier waren wir schon einmal. Wir überqueren die Kaiserstraße und spazieren in nördlicher Richtung durch eine Allee entlang der Loretowiese wieder auf die gleichnamige Kapelle und den Platz des ehemaligen Kaiserbades zu. Längst hat die Stadt diesen einst außerhalb ihrer Mauern liegenden Ort geschluckt und

Alle Jahre wieder . . . Christkindlmarkt auf dem Max-Josephs-Platz.

noch alle viel weiter entfernten Dörfer und Gemeinden wie Roßacker, Aising, Pang, Happing oder Westerndorf St. Peter. Ob sich der Landrichter und Chronist Franz Josef Klöckel diese Entwicklung wohl vorstellen konnte, als er 1815 in seinem »Ersten Bändchen von Rosenheim mit seiner Heilquelle und Umgegend« schrieb: »Unter die gemüthlichsten Plätze gehört die Altane des Badhauses selbst. Mit einem Umblick fühlt man den Stoff des lieblich Schönen dieser Gegend. Von hier aus sieht man Rosenheim . . .«

Schiffaliad
(Altbairische Mundart)

Hohl' o, hohl' o, mei liaba Schiffmo!
Mogst mi g'schwind ohohl'n,
Will die guat zohl'n;
Hohl' o, hohl' o, mei liaba Schiffmo!

Thau' o, Thau' o, mei liaba Schiffmo!
Host ja net othaut,
Hob' da scho zua g'schaut,
Thau' o, thau' o, mei liaba Schiffmo!

Länd' o, länd' o, mei liaba Schiffmo!
Duat an da Oländ',
Sichst, winkt mei Schotz drent;
Länd' o, länd' o, mei liaba Schiffmo!

Josef Anselm Pankofer

Schlösser, Rittersagen und ein Buch

Von Brannenburg bis Fischbach

Am Hang des Hohen Madron, direkt oberhalb des Handelsweges zwischen Tirol und Bayern, lag die wuchtige Festung der Grafen und Ritter von Falkenstein. Die Versuchung, sich einen Teil der vorüberziehenden Waren zu sichern, mag für manchen Burgherrn verlockend und der Anblick der reichbeladenen Fuhrwerke arg charakterverderbend gewesen sein, denn zahlreiche Sagen berichten, daß sich unter den Falkensteinern auch der eine oder andere Raubritter befand. Einer von ihnen ließ es aber nicht einmal bei den Überfällen auf die beuteversprechenden Warentransporte bewenden, sondern setzte obendrein noch die Kaufleute gefangen, um Lösegeld zu erpressen. Fand sich niemand, der den geforderten hohen Geldbetrag für die Freilassung der bedauernswerten Kerkerinsassen aufbrachte, warf sie der Ritter kurzerhand eigenhändig in den Abgrund. Dort aber, wo unterhalb der Burgmauer die Blutstropfen der Opfer auf die Wiese spritzten, entsprossen von da an rote Blutnelken, die Jahr für Jahr aufs neue blühten.

Solche und viele andere Sagen haben sich lange Zeit im Inntal gehalten. Es gibt kaum eine Burg, auf der nicht wenigstens ein Raubritter von sich reden machte, und kaum einen Felsspalt, aus dem nicht schon einmal der Teufel fuhr. Doch im Zuge der zunehmenden Sagenungläubigkeit der Bewohner sind auch die Blutnelken verschwunden, und nur noch wenige ältere Leute kennen die Schauergeschichten von den ruhelosen weißen Frauen und den Rittern mit den sagenhaften Schätzen in den Ruinen von Kirnstein und Falkenstein. Vor allem die dichten Wälder und hochaufragenden dunklen Wände trugen wohl ihr Schärflein zur Entstehung der Geschichten bei.
Die Dörfer Fischbach, Flintsbach, Weidach, Milbing, Derndorf und Brannenburg sind traditionsreiche alte Orte. Hingestreut in das flache, nach Norden hin offene Tal, das die Berge in zwei Blöcke teilt, geschützt und beschirmt durch die Höhenzüge, konnten sie sich ihren eigenen Charakter weitgehend bewahren, obwohl die wichtigen alten Verkehrswege Inn und Landstraße und die neueren Verbindungen Eisenbahn und Autobahn viel Unruhe und fremde Einflüsse ins Tal brachten. Die strategisch wichtige Lage am Engpaß zwischen den Bergmassiven und das fruchtbare, geschützte Schwemmland brachten es mit sich, daß das Tal schon sehr früh besiedelt wurde. Der Boden gibt denn auch laufend Tonscherben frei, die auf eine frühe Besiedlung in der Urnenfelderzeit (1250–750 v. Chr.) hindeuten. Die heutigen Orte können häufig bis ins 9. Jahrhundert zurückverfolgt werden, und nirgendwo sonst unter dem Wendelstein deuten so viele Ruinen und Haus- und Hofnamen (wie zum Beispiel Altenburg) auf frühe Adelssitze hin. Zu den ersten Herren und Gründern der Burg Falkenstein noch vor 1000 n. Chr. gehören die Aribonen und Bischof Albuin von Brixen. Danach folgten bereits die Falkensteiner, jenes Geschlecht, das wie kein anderes der Landschaft zu Füßen ihrer Burg den Stempel aufdrückten.
Was wir neben der reichen Sagenwelt tatsächlich über ihre Herrschaftssitze im Inntal wissen, ist mehr, als uns über gleichrangige Adelsgeschlechter aus der Zeit um 1000 n. Chr. bekannt ist. Allerdings hatten die Falkensteiner genauso wenig überregionale Bedeutung wie andere adlige Familien des Mittelalters, die allesamt dem expandierenden territorialen Machtanspruch der Wittelsbacher zum Opfer fielen. Woher also wissen wir über die Besitzstände und die Familienverhältnisse der Falkensteiner in jener Zeit so ungleich mehr?
Es war einer der zahlreichen Sibotos (genau genommen der IV.), der ab 1193 alle Rechtsgeschäfte fein säuberlich niederschreiben ließ und uns im sogenannten Falkensteiner Kodex, dem »Codex Falkensteinensis«, einer Pergamenthandschrift, erhalten hat. Demnach gehörten zum großen Familienbesitz durch kluge Heiratspolitik außer Falkenstein bei Flintsbach noch die Neuburg bei Vagen, die Burg Hartmannsberg am Langbürgner See und Hernstein im Wienerwald. Trotz einiger Lücken durch spätere Nachbesserungen, Radierungen und zeitbedingte Unleserlichkeiten erfahren wir aus dem Kodex viel über Öl-, Wein-, Flachs-,

Die heute fast vollständig von dichtem Wald verborgene Ruine Falkenstein war 1935 noch gut sichtbar.

Käse-, Geldabgaben und den »Schweinezins«, über Einkünfte und Fischereirechte, Kirchenausstattungen und -weihen, Käufe und Verkäufe, Schenkungen, Übereignungen und Stiftungen, finden aber auch Verzeichnisse über Geld-, Wertsachen-, Edelmetallbesitz und Inventarlisten über die Burgausstattungen, vom Federbett bis zu den Waffen. Daß man damals nicht gerade zimperlich mit seinen Feinden umging und bei der Verhängung von Strafen wohl auch mit zweierlei Maß gemessen wurde, davon zeugen andere Kapitel. In ihnen gibt Siboto IV. zwei Morde zu und einen in Auftrag.
Weniger bluttriefend sind dagegen die Aufzeichnungen über eine Sonnenfinsternis und eine Rezeptur gegen den »stain«: »Wan sol nemen die wurzen des testralac unde die wurzen des swertellac unde sol daz mit ein ander in einem wine siden unde sol daz trinchen.«
Da es nur den geistlichen Institutionen wie etwa den Klöstern oblang, Schriftstücke anzulegen und Bücher zu verfassen, ist der Falkensteiner Kodex für Historiker von unschätzbarem Wert, stellt er doch eines der wenigen Zeugnisse weltlichen Schrifttums aus jener Zeit dar. Zudem trägt er viel zur Klärung der regionalen Geschichte bei, denn viele Ortschaften finden in ihm erstmalig Erwähnung. Alle Ansiedlungen, die im Wappen einen Falken führen oder die Farben Blau und Gold aufweisen, deuten auf eine Gründung oder einen Besitz der Falkensteiner hin. Zu ihnen zählen auch Raubling, Brannenburg und Flintsbach. Sie und der Kodex haben die Falkensteiner und ihre Bur-

gen um ein Vielfaches überdauert, denn schon wenige Generationen nach der Niederschrift durch Siboto IV. erlosch das Adelsgeschlecht. 1260 verstarb der letzte Falkensteiner, ein Konrad. Die Burg wurde ebenso wie die Neuburg bei Vagen von Herzog Ludwig I. besetzt und die Besitzungen aufgeteilt. Als weitere Besitzer Falkensteins folgten 1552 die Freiherren von Hundt aus dem Pinzgau und 1642 die Freiherren von Ruepp. Deren letzte Erbin Maria Leopoldina verkaufte 1768 den Sitz schuldenbelastet an Graf Maximilian V. von Preysing auf Brannenburg und verbrachte ihren Lebensabend im Schloß Prantseck in Aibling. Graf Preysing aber blieb im klimatisch angenehmeren Brannenburg, und die Burg Falkenstein verfiel.

Brannenburg, das ehemalige Prantenperch, hat somit Falkenstein überlebt und ist sogar heute noch ein sehenswertes bewohntes Schloß. Die Prantenpercher waren zuerst nur Gefolgsleute der Falkensteiner, konnten sich aber noch während deren Vormachtstellung an Mangfall und Inn aus der Unterordnung lösen. In der Folgezeit drohte Brannenburg bei den Besitzstreitigkeiten der bayerischen Herzöge unterzugehen, doch es fiel erst nach dem Tod des letzten Prantenperchers Jakob 1310 an Herzog Ludwig IV. Von nun an war Brannenburg herzogliches Pflegamt mit beträchtlichen Gütern. Im Jahre 1508 bekam der »Goldene Ritter« Caspar Winzerer von Sachsenkam Brannenburg für seine geleisteten Dienste. Er erlangte traurige Berühmtheit, weil er 77jährig noch ein Turnier gegen seinen Freund Georg von Frundsberg bestritt, in dem er von dessen Lanze so unglücklich verletzt wurde, daß er daran starb. Er soll über seine schwere Verletzung jedoch nicht gram gewesen sein, weil ihm der schnelle Tod auf dem Turnierplatz lieber war als ein langes Siechtum im Bett. Die nächsten Besitzer, die Pienzenauer, erbauten das Schloß an seinem heutigen Platz; der einstige Standort des alten Brannenburger Schlosses aber ist genauso wenig bekannt wie dessen Aussehen. Schon 50 Jahre später zogen in das neue Schloß wieder andere Besitzer; mit den Freiherren von Hundt allerdings alte Bekannte, sie saßen schon einmal auf Falkenstein. Die bayerischen Adeligen von Preysing, die als Besitzer von Kirnstein schon früher ins Tal gekommen waren, kauften das Schloß 1728. Der bekannteste Vertreter dieser Familie in Brannenburg war Johann Maximilian V. Unter ihm gewann der Ort an Bedeutung, denn er stiftete die Schule, vergrößerte das Schloß und holte das Pflegamt nach Brannenburg. Erstmals mußte sich das einstmals höherrangige und später immer noch gleichwertige Flintsbach

Das Becken des Inntals zu Füßen von Heuberg (links), Kranzhorn (Mitte rechts) und Hohem Madron mit der Wallfahrtskirche St. Peter (ganz rechts). Über den bewaldeten Höhenzug der Biber (im Tal links) leuchtet der Turm der Pfarrkirche von Flintsbach.

mit der Burg Falkenstein unterordnen. Johann Maximilian V. von Preysing starb 1827 im hohen Alter von 91 Jahren.
1843 kam die Hofmark Brannenburg unter der Gräfin Arco zum letzten Mal in herrschaftlichen Besitz, denn als sie bei einem Kutschenunfall 1848 durch Schockeinwirkung starb, war dies auch das Ende der Hofmark. Den folgenden Käufern gehörten nur noch das Schloß und das unmittelbar dazugehörige Grundstück. Nach wechselnden Eigentümern mit den verschiedensten Interessen, befindet es sich heute noch in Privatbesitz.
Beide, die Ruine Falkenstein und das Schloß Brannenburg, liegen nur wenig erhöht, aber weithin sichtbar am Rande des Inntals. Anders verhält es sich bei der Ruine Kirnstein. Die Burg wurde ebenfalls noch von den Falkensteinern als vorgezogener Posten erbaut. 50 Meter über dem Inn, an der engsten Stelle seines Durchbruchs, dort, wo die Berge ganz eng zusammenrücken, verstecken sich die Mauerreste im steilen Wald der abschüssigen Ostflanke des Wildbarrens. Die alte Straße nach Tirol führte direkt an der Burg vorbei. Ein Ausweichen gab es nicht, der Inn war an dieser Stelle viel zu breit und drängte den Straßenverkehr an und auf die Berge. Hier auf der Ruine Kirnstein wird die Vorstellung mittelalterlicher Zeiten und Vorgänge durch die Abgeschiedenheit am ehesten wieder lebendig. An dieser Stelle wurden Kaufleute zur Kasse gebeten, füllten die Zölle der Reisenden die Schatzkisten der Burgherren und manchmal sie selbst das Verlies der Burg. Genauso wie auf Falkenstein hält sich deshalb auch hier hartnäckig das Gerücht von versteckten Goldschätzen und umgehenden Rittern. Sie teilen heute allerdings das Schicksal der meisten ruhelosen Burggespenster und der zum Geistern Verdammten mitsamt ihren sagenhaften Schätzen, sie werden nicht mehr ernst genommen und fristen ein einsames Dasein; allerdings spukt der Graf von Kirnstein selbst nicht mehr auf seiner Burg, er findet angeblich den Weg hinauf nicht mehr, weil die Straße jetzt unterhalb und nicht mehr wie früher hinter der Festung verläuft. Doch selbst aus dem Tal wird ihn die Autobahn schon vertrieben haben. Die mit ihren Benzinkutschen vorbeirauschenden modernen Menschen verschwenden auf ihrem Weg ans Urlaubsziel keinen Gedanken an heimatlose Gespenster. Es sei denn, ihr Feriendomizil liegt im Inntal, dann könnte es nämlich sein, daß sie mit Raubrittern, Burgfräulein und Minnesängern aus vergangenen Tagen Bekanntschaft machen: im alten Bauerntheater von Flintsbach! Dort weiß man am besten, wie man mit den alten Sagenstoffen umzugehen hat, denn das Theater ist

Das alte Schloß Brannenburg hinter der Pfarrkirche des gleichnamigen Ortes ist nur im Winter und Frühjahr sichtbar, wenn die Bäume kein Laub tragen.

Die Kirche von Sankt Margarethen aus dem 14. Jahrhundert.

das zweitälteste Dorftheater Deutschlands. Schon 1675 nämlich führte man in Flintsbach in einem »Theatrum« eine »Comedj« auf!

Überhaupt waren die Inntaler schon immer den schöngeistigen Dingen gegenüber aufgeschlossen. Neben dem frühen Hang zur »Comedj« spricht auch vieles für die Freude an der Musik. Der bekannte Minnesänger Walther von der Vogelweide soll sich einen ganzen Winter über auf Einladung des Falkensteiner Grafen in der Burg aufgehalten haben. Außerdem besitzt jeder Inntaler Ort, der etwas auf sich hält, auch heute noch eine Blaskapelle. Einen ebenso hohen Stellenwert hatte schon immer die Malerei. Bereits im alten Falkensteiner Kodex finden wir das älteste bekannte Familienbild mit mehreren Generationen der Falkensteiner sowie Abbildungen der vier Stammburgen.

Der heitere, lebensfrohe Menschenschlag an der mit der Welt verbindenden Lebensader Inn, weltoffen und doch in ihrem dörflichen Lebensraum zwischen Fluß und Berg verwurzelt, zog vor allem Maler an. Die alten Wirtshäuser mit ihren Kastaniengärten, die pittoresken Bauernhäuser, die prächtigen Trachten, die Pflege alten Brauchtums, die Lage der Dörfer – eingebettet in eine einzigartige Landschaft voller schroffer Berge und sanfter Wiesen –, aber auch das schnelle Dazugehörigkeitsgefühl durch das sofortige »Du« entsprachen ganz der Lebenseinstellung des Künstlers und animierten deshalb ebenso zu einem reichen Wirken wie die »Liberalitas Bavariae«, die Leben- und Lebenlassen-Toleranz der Bayern allgemein und der Inntaler im besonderen. So können wir heute auf ein beeindruckendes Repertoire bildlicher Zeugnisse aus vergangenen Tagen zurückgreifen. Zu ihren Schöpfern zählen unter anderem Carl Rottmann (1797–1850), Johann Friedrich Voltz (1817–1886), Rudolf Pöppel (1823–1889) und Christian Mali (1832–1906), aber auch Wilhelm von Kobell (1766–1853) und Wilhelm Busch (1832–1908).
Zu diesen gesellten sich zahlreiche einheimische Künstler, die vor allem in ihrer Heimat als Ausstatter der prächtigen Barockkirchen wirkten. Zwei

Die ausgedehnten Fischweiher von Wasserwiesen erinnern an den einstigen Rosenheimer See zu Füßen des Wendelsteins.

Der pittoreske Friedhof von Sankt Margarethen mit den schmiedeeisernen Kreuzen.

bekannte Vertreter des 18. Jahrhunderts sind Georg Zelger und Sebastian Rechenauer. Etwas später, etwa zur Mitte des 19. Jahrhunderts, bildeten dann auswärtige Künstler Malerkolonien beim Postwirt in Fischbach und in Brannenburg. Obwohl sich diese naturgemäß nicht bis in unsere Zeit erhalten haben, setzte sich die lange Tradition der Malerei durch zahlreiche heimische Künstler fort. Zu den bevorzugten Motiven zählt nach wie vor die Landschaft mit den Bergen und dem Inn.

Bei aller Liebe zu den schönen Künsten waren die Inntaler stets gottesfürchtig und streng gläubig. Darüber kann man sich im Pfarreimuseum von Flintsbach ein Bild machen (Flints = Kieselsteine). Ins Leben gerufen hat es der wohl beste Kenner der hiesigen Geschichte, der Geistliche Rat Josef Rosenegger. Mit seinen Chroniken über die Orte der Gegend sorgt er beständig für das Geschichtsbewußtsein seiner Gemeindemitglieder und deren Identifikation mit der Heimat. In seinem Pfarrmuseum erfährt man denn auch viel über die Vergangenheit und die sakrale Kunst und Kultur von Flintsbach und Umgebung. Wer das Pfarrmuseum besucht, sollte es nicht versäumen, auch einen Blick in die Pfarrkirche von Flintsbach mit den Wandgemälden Rechenauers und auf den alten Friedhof zu werfen. Dessen Besonderheit liegt in den schmiedeisernen Grabkreuzen, die sich liebevoll restauriert und bemalt hufeisenförmig um das Gotteshaus gruppieren. Derartige sakrale Zeugnisse findet man viele im Tal, doch erwähnenswert dürfte vor allem noch eines sein, das man in Verbindung mit einer geologischen Gegebenheit findet: die Klause auf der Biber.

Mitten aus der Ebene des Inntals erhebt sich etwa zwischen Flintsbach und Degerndorf eine dunkel bewaldete Höhe wie ein Bärenrücken, dessen Fell stellenweise abgeschabt ist; es sind riesige Steinbrüche, die in die Flanken der Höhe eingegraben wurden und das Innere des Kolosses freilegen: purer Stein, über den sich eine dünne Erdschicht zieht. Diese reicht aber aus, um den Bäumen Halt zu gewähren. Seit Jahrhunderten wird hier bereits Nagelfluhgestein abgebaut, ein Konglomerat aus gepreßtem Geröll, das durch kalkige Bindemittel und den enormen Druck des Gletschers in der Eiszeit seine Festigkeit erlangte; ein seit Jahrhunderten gefragtes Material, das den größten »Boom« Mitte des 19. Jahrhunderts erlebte. Zu dieser Zeit gab es an der Biber bis zu ein Dutzend Steinbrüche, in denen Mühlsteine und Baumaterial für Dämme und Uferbefestigungen gebrochen wurden. Später fand das Gestein vor allem im Hochbau, bei Brücken und großen Gebäuden, Verwendung. Der berühmteste Bau aus

Nagelfluhgestein der Biber ist das Olympiastadion in Berlin. Wegen der marmorierten Struktur der geschliffenen Oberfläche bricht man heute Platten für Fußböden, Fassadenverkleidungen und Treppenstufen. Wahrscheinlich wenig Sinn für diesen weltlichen Gebrauch des Bibergesteins hatte der geistliche Bruder Johannes Schell, der sich Anfang des 17. Jahrhunderts auf der Biber niederließ. Er zog sich in eine der Höhlen zurück, aus denen Mühlräder gebrochen worden waren, und verbaute sie außen mit einem Bretterverschlag. In dieser primitiven Klause hauste er mehrere Jahre und lebte von dem, was ihm die Leute aus der Umgebung als Geschenke für seine frommen Fürbitten und Gebete brachten. Zugleich fing er aber auch an, für eine Kapelle auf der Biber zu bitten, und es gelang ihm tatsächlich, das nötige Stiftungskapital und den Grund für den Bau aufzutreiben. 1636 wurde sein Lebenstraum verwirklicht, die Kapelle wurde eingeweiht. Ihm selbst jedoch blieben für sein Wirken dort nur noch drei Jahre, dann verstarb der Klausner und hinterließ ein gern besuchtes Ausflugsziel. Der besondere Reiz seiner Wallfahrtskapelle St. Maria Magdalena liegt in einem festungsartigen Kreuzweg, der inmitten des Waldes neben der Kirche noch eine große Grünfläche umschließt.

Ein Bauernhof in Degerndorf aus Nagelfluhgestein von der Biber.

Die Biber zählt zu den beliebten Ausflugsgebieten im Inntal, denn es müssen nicht immer die großen Bergtouren sein, die sich von den Talorten aus zweifellos anbieten. Nicht minder lohnend sind kleine Wanderungen und Spaziergänge. Der Höhenzug der Biber liegt im Brannenburger Ortsteil Milbing. Man gelangt am besten von der Nordseite her hinauf. Direkt an der Straße, die zum Sudelfeld führt, geht linker Hand ein kleiner Steig ab. Nach der Überschreitung eines Baches zieht sich der Weg erst steil und dann leicht ansteigend beständig an der abstürzenden Westseite der Biber entlang. In kurzen Abständen kann man auf Bänken ausruhen und die Aussicht hinüber zum Wendelsteinmassiv genießen. Am Ende der Höhe stößt man unvermittelt auf die Wallfahrtskirche mit ihrem Kreuzgang. An der Kapelle vorbei führt der Weg steil hinunter und man gelangt zu der Höhle, die Bruder Hannes Schell als erste Behausung diente. Heute erregt dort aber auch etwas anderes die Aufmerksamkeit: An schönen Wochenenden versuchen sich Kletterer an der Wand – ein Schauspiel, dem man sich nur schwer entziehen kann. Auf einer Treppe geht es noch weiter hinunter, bis man wieder auf dem ebenen Talboden steht. Man erreicht von hier aus sowohl rechts wie links den Ausgangspunkt, hält man sich jedoch links, dann kommt man an einem Stein vorbei, an dem man halbfertig gehauene Mühlsteine ausmachen

Morgendunst über dem gezähmten Inn bei Nußdorf.

Die Kreuzwegstationen der Wallfahrtskirche St. Magdalena auf der Biber.

Blaskapellen, wie hier die Brannenburger, halten das Brauchtum im Inntal lebendig.

kann, gerade so, als würde morgen wieder daran weitergearbeitet.
Nach diesen Zeugnissen schwerster, schweißtreibender Arbeit entführt einen der »Philosophenweg« in Fischbach mehr in die geistige Welt. Die Posthalterei in Fischbach war wahrscheinlich das älteste »Urlauberhotel« im Inntal. Der Posthalter und Braumeister Johannes Evangelist Limmayr wollte seinen »Sommerfrischlern« etwas bieten und legte für sie einen der ersten touristischen Wege zu den Wasserfällen des Fischbachs an. Er führt in eine urwaldartige Welt mit bemoosten Felsen und Feuchtbiotopen, wurde jedoch vom Zahn der Zeit arg angenagt und war deshalb lange Zeit nicht mehr begehbar. Vor kurzem wurden die Steige neu instandgesetzt, und so sind heute die imposanten Wasserspiele des Fischbachs wieder leicht zugänglich.
Über dem Tal, oberhalb von Brannenburg, liegt der kleine Ort Sankt Margarethen. Direkt vom Talbahnhof der Wendelsteinbahn führt ein Pfad über herrliche Bergwiesen hinauf. Ein echter Genuß, wenn man Augen für die blühenden Gräser oder eine Nase für den Geruch frischen Heus hat. Am Ende des Weges steht die weithin sichtbare Kirche St. Margaretha aus dem 14. Jahrhundert, die durch ihre Lage und äußere Schlichtheit an Kirchen in Südtirol erinnert. Neben der in Oberbayern üblichen reichen Barockausstattung (allerdings nur mit einem Altar) wartet das Gotteshaus mit freigelegten Fresken aus dem 15. Jahrhundert auf.
In der südlichen Außenmauer der Kirche ist zudem ein Gedenkstein eingelassen, der an das Grab Georg

Dientzenhofers d. Ä. und an seine berühmten, fern der Heimat verstorbenen Söhne Georg (1643–1689), Wolfgang (1648–1707), Christoph (1655–1722), Leonhard (1660–1707) und Johann (1663–1726) erinnert. Kaum zu glauben, daß aus dem unscheinbaren, nur aus verstreut liegenden Höfen bestehenden Sankt Margarethen, genauer gesagt, aus dem Bergbauernhof »Guggenbichl« (»Beim Gugg«) die Dientzenhofer hinauszogen, um mit ihrer barocken Baukunst die Welt zu erfreuen.
Wer den Spuren der Geschichte noch weiter zurück folgt und die Schauplätze der alten Spukgeschichten besuchen möchte, dem bietet sich ein Besuch der Ruine Kirnstein an. Die Reste der ehemals dicken Mauern der Ruine erreicht man entweder von Einöden (Bushaltestation) aus, das zwischen Fischbach und Niederaudorf liegt, oder etwas südlicher auf der gleichen Strecke ab einem Parkplatz über eine gesperrte Almstraße. Man sollte sich allerdings nicht zu viel erwarten. Erhalten geblieben ist nur die Vierung der Burg aus grob bearbeiteten Steinen, die mehr und mehr vom Wald verschluckt werden. Immerhin kann man auf der Burgmauer entlangspazieren und sich als Wächter von beinahe 1000 Jahren Geschichte fühlen. Oben auf der Rachelwand, dem ehemaligen Platz der alten Burg Falkenstein, gibt es noch viel weniger zu sehen, kein Stein steht heute mehr auf dem anderen. Falkenstein, direkt neben der heute noch teilweise vorhandenen Nachfolgeburg, wurde bereits Ende des 13. Jahrhunderts zerstört. Es muß ein wunderschönes Schloß gewesen sein, denn im Kodex heißt es, daß die Türme weit ins Land hinaus und bis hinüber nach Tirol leuchteten. Das vorhandene Gemäuer der zweiten Burg Falkenstein wird häufig mit dem ursprünglichen Bau verwechselt, sie wird teilweise noch bewohnt und ist nicht zugänglich. Übrigens scheint es das Los aller Falkensteiner Geister zu sein, daß sie mit der Zerstörung ihrer Mauern heimatlos werden. Denn wie auf der Neuburg bei Vagen spukte einst auch auf der alten Burg Falkenstein eine weißgekleidete Frau in den Gemächern: die Gattin des Falkensteiner Grafen Herrant. Wegen der Verleumdung, sie sei nicht treu gewesen, wurde sie von ihrem Ehemann nach seiner Rückkehr vom Kreuzzug lebendig eingemauert und fand nach ihrem Tode keine Ruhe. Möge sie nun ihren Frieden gefunden haben! Aber vielleicht kriecht einem ja statt ihrer eine schreckliche Natter über den Weg, die einen goldenen Schlüssel im Maul trägt. Diesen sollte man sofort an sich nehmen, auch wenn man sich noch so sehr fürchtet; es ist der Schlüssel zur verborgenen Schatzkammer von Falkenstein!

Sehet dort auf jenen Höhen,
An des Klausners Zell' vorbei,
Trümmerndes Gemäuer stehen,
Ragen in die Lüfte frey.

Gräßlich thut's dort oben hausen,
Dumpfes Stöhnen wird gehört,
Schauervoll vernimmt man 's sausen,
Wo das Bergschloß liegt zerstört.

Lang in dieses Schlosses Mitte,
Hohen Muthes, ungeschwächt,
Treu der alten biedern Sitte,
War ein ritterlich Geschlecht.

Ludwig I., König von Bayern

Aus der Ebene um Fischbach (links) und Flintsbach (rechts) erheben sich unvermittelt der Große Riesenkopf (Mitte) und der Hohe Madron (Vordergrund).

Herbststimmung auf den Hohen Asten.

Hoch über dem Inn

Vom Petersberg zum Wildbarren

Wenn der kleine Hansi und sein Bruder am frühen Morgen nach einer klirrend kalten Winternacht in ihrer Kammer erwachten, mußten sie zuerst im Dunkeln ihre Kleider zusammensammeln, denn elektrisches Licht gab es noch keines im Haus. In der Küche hantierte schon die Mutter beim matten Schein einer Petroleumlampe und hatte etwas zu Essen hergerichtet. Das Waschwasser aus dem Brunnen war eiskalt und lud zu keiner großen Wäsche ein, weshalb sie schnell fertig waren, die Haustüre hinter sich zuzogen und in die ausklingende Nacht hinaustraten. Vom Tal herauf blinkten die ersten Lichter, gegenüber standen stumm die dunklen Silhouetten der Berge, und über die Welt spannte sich noch ein sternenübersäter Himmel. Wenn sie Glück hatten, und der geräumte Ziehweg war über Nacht nicht wieder zugeschneit, dann sausten sie mit ihren Schlitten auf knirschendem Schnee talwärts. In der kleinen alten Kirche auf einem tieferliegenden Bergsporn wartete schon der Propst auf seine Ministranten und Schüler. Oftmals kniete nur eine einzelne alte Frau in den Bänken, aber nicht selten waren die beiden Buben Gottesdiener und einzige Besucher zugleich. Nach der Messe begann die Schule in der Wirtschaft der ehemaligen Propstei, denn in der Winterszeit störte kein Gast den Unterricht. In den letzten Jahren der Schule auf dem Petersberg gab es nur noch zwei Klassen, die vierte und die achte, denn der Hansi war der einzige Schüler der vierten und sein Bruder Korbinian der einzige der achten Klasse. Nur einmal stieg die Schülerzahl wegen mehrerer Flüchtlingskinder kurzzeitig auf zehn an, doch die beiden Buben waren schließlich die letzten, die der Propst noch unterrichtete. Dreimal in der Woche fand der Unterricht statt, doch nicht immer klappte der Anmarsch so reibungslos, dann nämlich, wenn der Weg vollkommen verschneit war und noch keine Holzarbeiter mit ihren Pferden und schweren Baumstämmen eine Spur gezogen hatten. So konnte es auch vorkommen, daß die Schule ausfiel, weil die Buben im Schnee stecken blieben. Selbst die Mutter kam dann oft wochenlang nicht ins Tal. Aber die zwei abgeschiedenen Bauernhöfe hoch oben auf dem Berg waren von den Dörfern im Tal nicht abhängig. Sie hatten alles, um über einen längeren Zeitraum auch ohne Kontakt zur Außenwelt auszukommen. Es gab Pferde, Kühe, Ziegen und Schweine, Hasen und Hühner, genügend Wasser und Truhen voll Mehl. Kartoffeln und Obst hatte man aus dem sommerlichen Garten, Brot wurde selbst gebacken, und Milch lieferten die Kühe; Hafer, Mais und Heu für das Vieh war genügend eingebracht. Es mangelte nicht an Arbeit und damit

Grüße vom Petersberg um 1890 . . .

auch nicht an Abwechslung. Im Sommer wurden die Wiesen und Felder bewirtschaftet, auf denen zusätzlich noch Almvieh aus dem Tale graste, und im Winter wurde im Holz gearbeitet. Zudem mußte man in der kalten Jahreszeit auch noch das Vieh zum Tränken aus dem Stall ins Freie zum Wassertrog lassen, denn fließendes Wasser bot nur die Natur.
Kaum zu glauben, aber noch in den fünfziger Jahren unseres Jahrhunderts Realität im Wendelsteingebiet. Der Schauplatz: die Asten, Deutschlands höchstgelegene Bauernhöfe auf der Ostseite des Rehleitenkopfs und der Petersberg über Flintsbach. Im Einklang mit der Natur lebten die Bewohner der Asten trotz der für uns heute so hart erscheinenden Entbehrungen vielleicht glücklicher und mit sich und der Welt zufriedener als so mancher in unserer fortschrittlichen Zeit.
Die Astenhöfe gehörten einst zu den Besitzungen des Klosters auf dem Petersberg; in einem Salbuch über den Güterbesitz der Propstei Petersberg aus dem Jahre 1390 erscheinen sie bereits als »zwo swaig zu aesten« (zwei Schwaigen zu den Asten), die im 16. Jahrhundert als »hintere und vordere Schwaig« wieder Erwähnung finden. Die alten Höfe liegen in rund 1100 Meter Höhe in prächtiger Aussichtslage am Osthang des Rehleitenkopfs, inmitten von fruchtbaren Almwiesen. Wegen der Abgeschiedenheit und Entfernung zu den Menschen im Tal und der Zähigkeit der Bewohner im Kampf mit den Unbillen der Witterung rankten sich in früheren Zeiten allerlei Geschichten um die Leute oben auf dem Berg. So sollen die Söhne der ersten Astenbauern rauhe Burschen gewesen sein, die von den Talbewohnern wegen ihrer Wildheit gefürchtet waren und in den Bergwäldern allerlei Schabernack trieben. Ähnlich wie die Schnellsrieder auf dem Auerberg sollen sie mit enormen Kräften ausgestattet gewesen sein, so daß sie Stiere mit bloßen Händen an den Hörnern zu Boden werfen und ihnen das Genick brechen konnten; Baumstämme, die sie zum Verkauf anboten, trugen und warfen sie eigenhändig zu Tal. Auch ihre Schwestern standen angeblich ihren Brüdern nicht viel nach, denn gelegentlich sollen sie ungebetene Liebhaber einfach verprügelt haben. Aber das ist lange, lange her, inzwischen werden die Asten gerne besucht und sind fester Bestandteil jeder Wanderung in diesem Bereich. Zulauf findet allerdings nur die Hintere Asten mit der Gastwirtschaft, auf der Vorderen Asten wird nur noch Almwirtschaft betrieben.
Wenn die beiden Buben von den Asten in der altehrwürdigen Kirche des Petersberges ihren Ministrantendienst versahen, dann dachten sie wohl kaum an die uralte Geschichte dieser Stätte. Der Sage nach brachten auch hier – wie aus dem Leitzachtal bereits bekannt – Vögel blutige Späne auf den Platz, an dem die Kirche entstehen sollte. Das Blut stammte von Bauarbeitern, die sich bei der Errichtung einer anderen Kirche in den Fuß gehackt hatten. So nahe beim Sitz der Falkensteiner lag es

. . . und 20 Jahre später.

Das Obere Sudelfeld liegt mit 1436 Metern noch deutlich über den Morgennebeln im Tal.

auf der Hand, daß es sich bei den Vögeln um Falken handelte. Die Sage deutet darauf hin, daß es sich bei dem felsigen Absatz des Hohen Madron, auf dem heute die Peterskirche steht, vorher um einen heidnischen Kultort handelte, auf dem die frühe Bevölkerung den Naturgöttern huldigte. Dies wird durch den Namen noch untermauert: Madron kommt wahrscheinlich vom althochdeutschen »madal«, der Versammlung. Durch fromme Geschichten und Legenden, die sie als Zeichen Gottes deuteten, rechtfertigten die frühen christlichen Heilskünder den Bau ihrer Kirchen auf den heidnischen Plätzen. Zum einen bewiesen sie so die größere Macht ihres Gottes gegenüber den heidnischen Göttern, und zum anderen löschten sie dadurch deren bevorzugte Plätze und Aufenthaltsorte aus. Der Aberglauben der einfachen Bauersleute kam aber der Verbreitung der christlichen Lehre sehr entgegen, denn durch zahlreiche Legenden wurde die Kirche weithin bekannt. Eine dieser Legenden entstand noch lange nach dem Bau von St. Peter und brachte viele Wallfahrer und Neugierige aus der ganzen Umgebung zur Kirche. Ein zorniger Kartenspieler aus der benachbarten Wirtschaft soll nämlich seine schlechten Karten voller Wut durch das Kirchenfenster geworfen und dabei eine Madonnenfigur an der Stirn getroffen haben, worauf diese zu bluten anfing. Das Wunder sprach sich schnell herum und der einsetzende Besucheransturm war so groß, daß der Pfarrer sich gezwungen sah, die Figur zu entfernen.

Die tatsächliche Entstehungsgeschichte des Petersberges liest sich weit weniger sagenhaft: Wahrscheinlich suchten drei geflohene Mönche des von Ungarn überfallenen und zerstörten Klosters Wessobrunn Zuflucht auf Falkenstein und bekamen vom damaligen Grafen die Erlaubnis, auf dem Hohen Madron zuerst eine Zelle und dann ein Kloster zu errichten. Bereits 1296 wurde dieses jedoch im Zuge der Zerstörung Falkensteins wieder vernichtet. Die Kirche hat allerdings diesen Sturm überdauert und stammt demnach aus dem frühen 12. Jahrhundert. Sie wurde bis heute kaum verändert und ist damit eines der ältesten erhaltenen Zeugnisse unter dem Wendelstein. Neben seiner schlichten, geradlinigen Bauart besticht St. Peter durch seine einmalige Lage über dem Tal. Dadurch und nicht zuletzt auch durch die Einkehrmöglichkeit in der ehemaligen Propstei zählt der Petersberg ohne Übertreibung wohl zu den lohnenswertesten Ausflugszielen des gesamten bayerischen Oberlandes. Daneben ist er nach wie vor Ziel von zahlreichen Bittgängen und Wallfahrten. Kirche und Wirtshaus erreicht man vom Flintsbacher Ortsteil Falkenstein aus in gut einer Dreiviertelstunde (es empfiehlt sich die Anreise mit der Bahn nach Flintsbach, da Park-

Nur selten gibt der urtümliche Wildbarren den Blick in die Ferne frei wie hier kurz unter dem Gipfel, rund 1000 Meter über dem Inntal.

Am Bichlersee.

plätze rar sind). Beim Aufstieg kommt man an der Ruine Falkenstein und bei der Einmündung des Brannenburger Weges am Teufelsloch vorbei. Letzteres ist ein großer Spalt im Fels, durch den der Teufel nach einer Wette mit dem wandernden Petrus einst zum Petersberg hinauffahren wollte, wegen des geheiligten Bodens der Kirche dort den Berg jedoch nicht verlassen konnte und so verlor.

Die Berge über dem Petersberg rund um die Asten bilden einen eigenen kleinen Gebirgsstock mit knapp 1500 Metern Höhe und ein abgeschlossenes Wandergebiet mit einem erstaunlich vielfältigen Wegenetz. Die zwei markantesten Erhebungen sind der Wildbarren (1448 m) und der Große Riesenkopf (1337 m). Beide beeindrucken durch die Tatsache, daß sie ohne kleine Vorberge unvermittelt aus der Ebene ragen. Der Große Riesenkopf riegelt unübersehbar das Inntal nach Süden hin ab, und der Wildbarren schiebt sich weiter südlich noch näher an den Inn heran. Beide erreicht man deshalb ohne weite Anmarschwege, beide weisen aber trotz ihrer relativ niedrigen Höhe beträchtliche Höhenunterschiede auf. Im Bunde der dritte ist der unauffällige Rehleitenkopf, der sich als langezogener Wiesenrücken genau dazwischen schiebt. Mit 1338 Metern übertrifft er den Großen Riesenkopf um genau einen Meter, muß diesem in der Rangordnung wegen dessen freieren Sicht ins Land hinaus jedoch den Vortritt lassen. Einsame und stille Wege sind es in der Regel, die Riesenkopf und Wildbarren erschließen, denn sie verstecken die anziehenden hellen Felsen unter dichtem Waldboden. Nichtsdestotrotz sind es lohnende Ziele, die beim ruhigen Dahinschreiten die Gedanken beflügeln; ob den steilen, dichten Bergwald dort links des Weges wohl schon jemals ein Mensch betrat, ob sich schon je ein menschlicher Fuß auf jenen Felszapfen dort stellte? Ein Jäger vielleicht, ein Wilderer oder gar ein früher Einwohner, ein Kelte oder Römer? Beim Aufstieg zum Riesenkopf kann man sich solcher Vorstellungen kaum erwehren. Wir erreichen diesen fantasiefördernden Weg von der Talstation der Wendelsteinbahn aus über den Bauernhof Altenburg. Beständig aufwärts in Richtung Süden kommt man bald an eine abgeschiedene Bergwiese mit einem Stadel und kurz darauf an eine Wegkreuzung. Hier schwenken wir scharf nach Nordost und folgen dem Weg in weiten Serpentinen, aber immer nur mäßig ansteigend, durch den bewaldeten Nordabsturz des Berges. Der Weg verlagert sich dabei immer weiter nach Osten und trifft am Ostgrat auf den von den Asten her. Ihm aufwärts folgend, kommen wir schon bald aus dem Wald heraus und gelangen so zum Gipfel über der Baumgrenze. War die Sicht während des gesamten Aufstiegs eingeschränkt, so werden wir nun reichlich dafür entschädigt. Rundum kann man schauen ohne Einschränkung! Das schätzte auch schon König Max II., der dem Riesenkopf gleich nach dem Wendelstein mit seinem Besuch die Ehre erwies. Zusammen mit seiner Gastgeberin auf Schloß Brannenburg, der Marchesa Pallavicini, und seinem Begleitertroß stieg er am 18. Juli 1858 auf den Gipfel und hielt anschließend auf den Asten Rast. Unser Abstieg erfolgt ebenfalls über die Asten. Dort sollte man einkehren und ein wenig sitzenbleiben; wenn die Sonne hinter den Rehleitenkopf weiterwandert, dann leuchten die Berge im Osten immer heller über das Inntal. Doch die Zeit nicht ganz vergessen! Der Weg hinunter zum Petersberg ist am Spätnachmittag sehr schattig und im Herbst oft schon recht kühl. Nach etwa halbstündigem Abstieg führt kurz nach dem Bauern am Berg rechter Hand ein schmaler, steiler Steig auf die »große Zehe« des Riesenkopfes, auf den Petersberg mit der Wallfahrtskirche. Unten leuchtet das silberne Band des Inns, und leider wird auch das

Der rauhe, dichtbewaldete Wildbarren (1448 m) ist der südöstliche Eckpfeiler des Wendelsteinmassivs; links dahinter die Tiroler Bergwelt und direkt darüber der Brünnstein.

monotone Summen der Autobahn immer stärker, doch wer noch nicht zu spät dran ist, dem scheint auf dem Petersberg wieder die Sonne. Der Abstiegsweg folgt den neuen Kreuzwegstationen aus Nagelfluhgestein der Biber und Bildnissen des Rosenheimer Bildhauers Josef Hamberger. Doch nicht den Weg übersehen, der bei dem bereits erwähnten Teufelsloch links nach Brannenburg abzweigt! Während es beständig weiter abwärts geht, treffen wir auf einer Lichtung auf den um die 500 Jahre alten Bergbauernhof Wagner am Berg mit trutzigen Mauern und kleinen Fenstern. Der Bauer am Berg und der Wagner am Berg waren schon immer die einzigen Nachbarn der

Astenbauern. Der Wald endet unmittelbar beim Übergang in die Ebene, und über Erlach und Steinberg erreichen wir auf der Straße wieder den Ausgangspunkt.
Weniger umfassend, eigentlich sogar sehr eingeschränkt, ist die Sicht vom Wildbarren, denn der Gipfel ist bewaldet und das Kreuz von Bäumen umstanden. Wie ein dicker Pelz zieht sich der dichte Wald über seine Höhe hin und gibt nur vereinzelt den Blick auf Felsen frei. Doch darf man sich dadurch nicht täuschen lassen. Der Wildbarren ist einer der urtümlichsten und steilsten Berge der ganzen Gegend. Geht man ihn von ganz unten, vom Inntal aus an, fahren einem seine hochalpinen Steige ganz schön in die Knochen. Seine Ursprünglichkeit und Wildheit sind beeindruckend, man vermeint unwillkürlich, jeden Augenblick einem Bären zu begegnen. Meister Petz kam tatsächlich früher hier sehr zahlreich vor; neben seinem Namen Wildbarren (althochdeutsch hieß der Bär »bari«) deutet auch die Aufführung von Spießen zur Bärenjagd in der Inventarliste des Kodex für die nahe Burg Falkenstein aus dem 12. Jahrhundert darauf hin. Nicht zuletzt erinnert die Form des Berges an die unzugängliche italienische Bergwelt rund um Trient, wo es heute das letzte mitteleuropäische Rückzugsgebiet der Braunbären gibt.
Der Rat, die Wege am Wildbarren auf keinen Fall zu verlassen, beruht jedoch nicht auf der Angst vor Bären, sondern darauf, daß sich schon viele auf diesem Berg verstiegen haben und in Bergnot geraten sind. Diese Warnung sollte man auf keinen Fall in den Wind schlagen, wenn man einen der beiden Gipfelpfade betritt. Beide sind vom Tal aus anzugehen und sehr schweißtreibend. Wer es etwas leichter haben will, der beginnt den Aufstieg erst in Regau, dann hat er dem Berg immerhin schon 450 Höhenmeter abgewonnen. Ein Weg aus dem Tal kommt von Kirnstein, aber der meines Erachtens schönste beginnt mitten in Niederaudorf beim Feuerwehrhaus. Hierher sollte man nur mit dem Linienbus kommen, denn auch hier sind keine Parkplätze vorhanden. Der dichte Wald des Wildbarrens birgt noch ein Kleinod ganz besonderer Art: den Bichlersee. Ein abgeschiedenes, in die Natur eingebettetes landschaftliches Schmuckstück zu Füßen des wilden Berges auf 955 Metern Höhe.
Wer sich für Niederaudorf als Ausgangspunkt entscheidet, der trifft ungefähr 300 Meter höher auf den »Grauen Stein«, einen Felsblock aus Granit, den der Inntalgletscher in der letzten Eiszeit aus den Zentralalpen mitbrachte und hier ablegte. So jedenfalls sagt es die nüchterne Wissenschaft, die Wirklichkeit sieht aber wieder einmal ganz anders aus. Ein Riese war's nämlich, der mit seinen gewaltigen Kräften den riesigen Stein dorthin warf, und das kam so: Der Riese, einst auf dem Wildbarren beheimatet, war ein wilder, unbekleideter Geselle, der jeden tötete, der sich ihm näherte, denn er fürchtete um den Goldschatz in seiner Höhle. Ein Schneider allerdings glaubte ihn überlisten zu können. Er stieg auf den Wildbarren, und als der Riese ihn sah und sich auf ihn stürzen wollte, da bot ihm der Schneider an, ihm völlig umsonst ein Gewand zu nähen, da es doch eine Schande für einen Riesen sei, nackt herumzulaufen. Bei der Anprobe vernähte der schlaue Schneider jedoch die Ärmel und Beine so geschickt, daß sich der Riese nicht mehr bewegen konnte. Schnell raffte der Schneider soviel von den Schätzen zusammen, wie er nur tragen konnte, und machte sich aus dem Staub. Es dauerte aber nicht lange, da hatte sich der Riese befreit und schleuderte voll Zorn dem Flüchtenden einen Felsblock nach, der den Schneider erschlug und samt dem gestohlenen Gold unter sich begrub. Dieser Felsblock war der »Graue Stein«, der seitdem nie mehr von der Stelle bewegt werden konnte. Unter ihm liegen deshalb noch immer der Goldschatz und der unter so schrecklichen Umständen ums Leben gekommene Schneider, weshalb der Fels einstmals »Grauenstein« hieß.

He Sennbua, schau, da Riesenkopf
hod 's Hüatal volla Schnee,
des is a Zoaga, daß ma jetz
boid hoamtreib'n von da Höh!
Es dauert ned lang, so legt er a
von Schnee a Manterl o,
damit bedeckt er uns're Alm,
drum mach ma uns davo.

Altes bayerisches Volkslied

Die südlichen Nachbarn

Rund um das Sudelfeld

Die Ausmaße, die das Skifahren auf dem Sudelfeld einmal annehmen sollten, die konnte sich der Zolloberkontrolleur Hartmann wohl kaum vorstellen, als er im Winter 1901/02 als erster Mensch seine kühnen Telemarkschwünge in den Bayrischzeller Schnee zeichnete. Als Grenzbeamter bei seinen Patrouillengängen mit den Skiern auf den Geschmack gekommen, übte er das Skifahren auch bald privat aus und fand vor allem am Sudelfeld ein besonders geeignetes Gelände für seine Abfahrten. Nachdem ihm seine Kameraden vom »Akademischen Skiclub München« schon bald nachgeeifert hatten, fand bereits im Winter 1905/06 das erste alpine Skirennen statt. In den folgenden Jahren hatte die Begeisterung am Skilauf derart auf die Einwohner Bayrischzells übergegriffen, daß im Januar 1922 genügend Interessierte vorhanden waren, um einen eigenen Skiclub zu gründen. Es folgten Rennen und Meisterschaften, und aus dem kleinen Dorf Bayrischzell gingen schon bald nationale und internationale Meister hervor. Zu absoluten Könnern ihres Sports wurden sie allesamt dort, wo schon der Zolloberkontrolleur Hartmann den Skilauf für die Allgemeinheit »entdeckte«, auf dem Sudelfeld. Bis heute hat sich an der Beliebtheit dieses Skigebiets nichts geändert, ganz im Gegenteil; durch seinen hohen Bekanntheitsgrad hat sich das Sudelfeld zu einem der größten zusammenhängenden Skigebiete Deutschlands entwickelt und ist inzwischen an seine Kapazitätsgrenzen gestoßen.

Aber nicht nur im Winter ist das so. Das Sudelfeld zählt schon lange nicht mehr zu den unberührten Hochalmen und abgeschiedenen Gebieten hoch über Bayrischzell auf der einen und Nieder- und Oberaudorf auf der anderen Seite. Die Sudelfeldstraße hat das Gebiet längst erschlossen, so daß nicht nur im Winter die Skifahrer in Scharen einfallen, sondern im Sommer auch die Ausflügler, Motorradfahrer und Sonnenanbeter. Doch sie kommen immer noch nicht umsonst; noch immer vermag die Landschaft mit ihrem grünen, hügeligen Mittelgebirge und der Umrahmung aus blauem, hochalpinem Gelände hoch über den Talböden von Leitzach und Inn zu bezaubern – und das trotz der sommerlich erstarrten Liftanlagen auf den blühenden Wiesenmatten, trotz der landschaftzerschneidenden Asphaltbänder, die den Besucher, ohne ihn auch nur einmal zum Aussteigen zu zwingen, mit dem Auto bis in die hintersten Winkel bringen und auch trotz der zwangsläufig damit verbundenen sonntäglichen Blechlawinen. In gewissem Maße ist das Sudel-

Das alte Wirtshaus »Zum feurigen Tatzelwurm« in der Aschau mit den Förderern Ludwig Steub und Viktor von Scheffel.

feld schon früh »erschlossen« worden, denn die weiten, auslaufenden Wiesenhänge, die wie riesige Moospolster daliegen, ermöglichten schon immer eine ausgezeichnete Almbewirtschaftung. Doch auch die zunehmend für die Natur im allgemeinen und die Berge im speziellen begeisterten Menschen des 18. und 19. Jahrhunderts fanden im Sudelfeld einen verhältnismäßig leichten Zugang zu dieser besonderen Welt. Wieder einmal ist es Ludwig Steub, der große Alpenfreund, der dies bereits 1869 etwas sarkastisch beschrieb. Seine Schilderung über eine Wanderung von Bayrischzell zum Tatzelwurm beginnt damit, diese sei »wie eigens geschaffen für Reisende, die zwar den Schwindel nicht lieben und das Klettern an den Schrofen nicht gelernt haben, aber doch gern auf den Bergen wandeln, sohin für Hofräte und Professoren aus allen vier Facultäten, ihre Gattinnen und Töchter, für Staatsanwälte, Oberappell-, Oberpost- und Regierungsräthe, sowie deren Gattinnen und Töchter, für Buchhändler, Rechtsanwälte und Strohhutfabrikanten, für Malerinnen und Dichterinnen – kurz für alle Gebildeten beiderlei Geschlechts, also namentlich auch für dahin rechnende Berliner, Dresdener, Hamburger, Lübecker, deren Gattinnen und Töchter.« Zugleich zeigt er sich bereits weitschauend besorgt, »daß dieser Berggang, ehe wir uns umsehen, ins große Weltgetriebe wird hineingerissen sein; denn wenn der Tourist jetzt auf der Eisenbahn um acht Uhr in Schliers, so kann er nach neun Uhr in Bayrischzell, nach zehn Uhr auf der Höhe, des Nachmittags aber zu Audorf im Innthal und Abends wieder in München sein.« Unrecht hatte er nicht, doch trotzdem ist dieselbe Wanderung von Bayrischzell zum Tatzelwurm noch immer äußerst reizvoll. Der Weg folgt die meiste Zeit dem Lauf des Larchbachs aufund dem des Auerbachs abwärts. Die erreichte Höhe liegt dabei bei etwas mehr als 1000 Meter, doch ist das Zurücklegen großer Höhen auch gar nicht der Sinn dieses Spaziergangs, der Reiz liegt vielmehr im Erleben der Natur und der relativ geringen Bekanntheit des Gebietes in so unmittelbarer Nähe der vielbefahrenen Sudelfeldstraße. Man sieht das Sudel-

Skifahrer am Sudelfeld vor dem Gebirgspanorama des Zahmen und Wilden Kaisers.

feld aus einer ganz anderen Warte und ohne trennende Autofenster. Direkt bei der Talstation der Sudelfeld-Sesselbahn in Bayrischzell beginnt der Aufstieg entlang des Larchbachs. Von schmalen Pfaden und »grausen Schluchten«, wie sie Steub noch vorfand, ist nicht mehr viel übriggeblieben, denn breite Wege und am Anfang gar die Skiabfahrt vom Sudelfeld nach Bayrischzell haben sie entschärft.
Eine halbe Stunde dauert etwa der Aufstieg auf der Strecke, die der nicht so geübte Skifahrer im Winter wegen seiner Eisigkeit oft verflucht, bis wir nach links abbiegen und der Markierung W1 zum Berghotel Sudelfeld folgen. An diesem vorbei (oder auch nicht) und direkt auf eine Trafostation zugehend, erreichen wir einen Wiesenpfad, der nördlich um den Waldkopf herumführt. Oberhalb der Talstation des Skilifts »Waldkopf« kommen wir so auf die Straße nach Grafenherberg. Wir folgen nicht der Wegweisung zum Tatzelwurm, sondern benützen den Pfad, der auf der anderen Straßenseite hinunter zum Auerbach führt. Von hier aus folgen wir einfach dem Bach. Er bringt uns direkt zum Ziel, wo er sich durch einen Felsspalt zwängt und in mehreren Kaskaden 70 Meter in die Tiefe stürzt. Bis dahin aber nimmt er noch den Arzbach und viele kleine Nebenläufe auf und bildet zwischendurch sogar einen kleinen, smaragdgrünen See. Bis zum Endziel braucht man mit vielen Pausen zum Schauen und bei gemütlichem Gang zwei Stunden.
Das Gasthaus »Zum feurigen Tatzelwurm« in unmittelbarer Nähe des Wasserfalls ist eines der beliebtesten Ausflugsziele am Sudelfeld. In der Aschau, wie dieser Winkel heißt, hatte der Landwirt Simon Schweinsteiger vom nahen Hinterschweinsteig am Audorfer Berg eine Alm, wo »so vil hollzarbeiter um die Gegend herum sind, welche alle übernachten kommen«. Schweinsteiger bewarb sich deshalb um die Wirtshauskonzession, die jedoch abgelehnt wurde. Am 29. Oktober 1848 schrieb er deshalb an einen Münchner Freund: »Das Landgericht verbittet mir alles bey 15 Reichstaler straff!« Die Begründung in einem Bescheid aus Rosenheim muß ihn schwer getroffen haben, denn da heißt es »dem Gesuch-

Blick vom Gipfel des Großen Traithen (1853 m) in Richtung Brünnstein (1634 m).

steller sei es nicht so sehr um die Bewirtung der Fremden zu tun, sondern vielmehr, um Gesindel heranzulocken, das ohne Aufsicht der Unsittlichkeit fröhne, wozu jene Almhütte so geeignet sey«. In seiner Not bat Schweinsteiger Ludwig Steub um Hilfe: »Was ist zu thun, ich bin in groser verlegenheit, die Reisenden komen teglich vom gebirg und alles fragt einen trunk bier nach.« Als noch hinzukam, daß der Pachtvertrag für die Alm nicht mehr verlängert wurde, entschloß sich Schweinsteiger zum Bau einer eigenen Wirtschaft am etwas höher gelegenen Waldrand. Durch die Unterstützung seines Gönners Steub bekam er schließlich auch die Bierkonzession, und am 15. August 1863 konnte er sein Wirtshaus eröffnen. Doch wie kam es zum Namen Tatzelwurm? Wer genau den Namen vergab, weiß heute keiner mehr, doch kommt er nicht von ungefähr, denn schließlich ist schon in einer Urkunde des Grafen Preysing auf Kirnstein von 1247 zu lesen: »zu dem Datzelwurm hibei Aschowe an dem Aurbach«.
1933, zum 70jährigen Bestehen der Gastwirtschaft, entbrannte in fast allen Zeitungen zwischen Berlin und Rosenheim deswegen eine heiße Diskussion über das tatsächliche Vorkommen dieser Spezies im Alpenraum. Unzählige glaubhafte Augenzeugen, Bauern, Wanderer und Jäger, wurden herangezogen, um ihre (ehemalige) Existenz zu beweisen. So ein Tatzelwurm soll sehr versteckt und nur in großen Höhen über 1000 Metern gelebt haben, wobei besonders frappierend ist, daß sich die Augenzeugenberichte aus dem gesamten Alpenraum über Jahrhunderte hinweg äußert ähnlich waren. Demnach soll dieses Wesen bis zu 1½ Meter lang und männerschenkeldick gewesen sein, einen eidechsenartigen Kopf mit vielen Zähnen, einen schuppigen Körper und kleine Vordertatzen besessen haben (daher der Name »Tatzel-«wurm!). Der Tatzelwurm konnte aber auch angeblich weit springen und soll überaus angriffslustig gewesen sein. Sein Atem war tödlich und erstickte das Opfer, weshalb Menschen, die ihm begegneten, immer sofort entsetzt flüchteten und den Tatzelwurm nicht lange beobachteten. Man kann davon halten, was man will, der vertrauenswürdige Schriftsteller und Jäger Franz von Kobell konnte sich jedenfalls in seinem Buch »Wildanger« aus dem Jahre 1859 nicht dazu durchringen, den »Dazzelwurm« ins Reich der Fabel zu verbannen; Erzherzog Johann setzte eine Prämie für einen geschossenen oder gefangenen Tatzelwurm aus und kein Geringerer als der Chronist Abt Konrad von Scheyern bezeichnete im 12. Jahrhundert die Gegend um Bayrischzell als Drachenlager! Wie dem auch sei, unser Tatzelwurm hauste in den Schluchten des Auerbachs bei den tosenden Gumpeifällen und ernährte sich in erster Linie von einzelnen Wallfahrern, die von Audorf nach Birkenstein pilgerten. Was aus ihm schließlich geworden ist, faßte Joseph Victor von Scheffel (sehr ungläubig) in Gedichtform:

Am Wegesrand.

Als noch ein Bergsee klar und groß
In dieser Täler Tiefen floß,
Hab ich allhier in großer Pracht
Gelebt, geliebt und auch gedracht
Als Tatzelwurm.

Von Pendling bis zum Wendelstein
War Fels und Luft und Wasser mein,
Ich flog und ging und lag gerollt,
Und statt auf Heu schlief ich auf Gold
Als Tatzelwurm.

Hornhautig war mein Schuppenleib
Und Feuerspein mein Zeitvertreib.
Und was da kroch den Berg herauf,
Das blies ich um und fraß es auf
Als Tatzelwurm

Doch als ich mich so weit vergaß
Und Sennerinnen roh auffraß
Da kam die Sündflut grausenhaft . . .

Es reicht, wir wissen genug: Weg ist er, der schaurige Tatzelwurm, hinweggespült aus den Bergen hat es also den wilden Drachen. Auf jeden Fall schreckte er keine Gäste ab, im Gegenteil, nach Ludwig Steub und Joseph Victor von Scheffel folgten dem Ruf des schrecklichen Tatzelwurms unter vielen anderen Besuchern auch der Schriftsteller August Sieghart und die Maler Leibl, Spitzweg und der badische Hofmaler August Vischer, der das Wirtshausschild entwarf. Ob aber tatsächlich was dran ist an der alten Mähr, wer weiß – jedenfalls bewirkte allein schon der Name des Ur- und Untiers, daß die Aschau eines der beliebtesten und bekanntesten Ausflugsziele in der Nähe des Wendelsteins wurde.

Die Gumpeifälle liegen zu Füßen eines breiten Bergrückens mit felsigem Gipfelaufbau: dem Brünnstein. Vom Gasthaus über den Wasserfall hinweg führt der Weg hinauf, doch wer mit dem Auto anreist, benützt als Ausgangspunkt am besten den Waldparkplatz etwas oberhalb des Tatzelwurms. Wer sich an die Wegweisung hält, hat keine Probleme mit dem Weg über die Schoißeralm zum Brünnsteinhaus, dann aber heißt es Vorsicht, denn wem leicht schwindlig wird, der sollte nicht den direkten Aufstieg vom Haus über den Steig nehmen, sondern am Brünnsteinhaus vorbeiwandern und den Gipfel vom Südwesten her bezwingen. Das schön gelegene Brünnsteinhaus auf der Südseite in 1342 Meter Höhe ist der Ausgangspunkt für den lohnenden Steig, doch Bergunerfahrene sollten den Gipfelaufbau vielleicht ganz meiden. Der Mutige allerdings wird eventuell durch den Anblick eines hier freilebenden Tieres ganz besonderer Art belohnt. Auf dem Brünnstein gibt es ihn nämlich noch, den König unter den Alpentieren: den Steinbock. Er mußte zwar auch hier erst wieder ausgesetzt werden, und viele Exemplare sind schon nach kurzer

Rückblick vom Aufstieg zum Kleinen Traithen (1723 m) auf Bayrischzell und den Wendelstein.

Zeit nach Österreich hin abgewandert, aber immerhin! Etwa 20 dieser faszinierenden Wildtiere haben den Felsgarten des Brünnstein als ihr neues Zuhause angenommen. Selten bekommt man sie im Sommer zu Gesicht, doch wer sich die Mühe macht und im Winter bis zum Brünnsteinhaus hinaufwandert, der hat schon eher Glück und kann diese stolzen Tiere bewundern, wenn sie weit herunter kommen und aus der Felswand auf den unverhofften Besucher herabblicken.

Wer noch genügend Kondition hat, der nimmt nach dem südwestlichen Abstieg vom Gipfel den Weg über die Himmelmoos- und Seelacheralmen, muß aber über die westliche Brünnsteinschanze wieder einen kurzen Anstieg in Kauf nehmen. Er hat aber den Vorteil, daß zurück nicht derselbe Weg wie beim Aufstieg genommen werden muß. Der Weg von der Seelacheralm abwärts zum Ausgangspunkt ist gut erkennbar, man kann sich kaum mehr verlaufen.

Auf dem Brünnstein ist man dem Wilden Kaiser am nächsten. Wie von einem Logensitz aus blickt man auf das Felsszenarium dieses berühmten Gebirges, das der Sage nach sein heutiges Aussehen dem Übermut seiner Bewohner verdankt. Einst nämlich war der Kaiser nicht wild und schroff, sondern breit und rund mit herrlich fetten Wiesen und mit zahlreichen bewirtschafteten Almen. Den Menschen, die dort lebten, ging es besser als allen anderen, und sie wurden deshalb allzu übermütig. Weil sie alles, was sie zum Leben brauchten, in Überfluß hatten, begannen sie, Käseleiber den Berg hinuntersausen zu lassen und mit Kegeln aus Butter und Kugeln aus Brot zu kegeln. Das konnten die Himmelsmächte nicht lange mitansehen. In einer klaren Sommernacht zog urplötzlich ein fürchterliches Gewitter auf, dessen gewaltige Regengüsse das gesamte fruchtbare Erdreich mitsamt den Almen, Hütten und Ställen der Bewohner zu Tal schwemmten, nur noch der nackte Fels blieb übrig. Die Menschen aber mußten abwandern oder sich mit den neuen Gegebenheiten abfinden und von nun an ein karges, armseliges Leben führen; nie mehr fanden Gräser oder gar Wiesen auf dem harten Gestein Halt. Wurde etwa auch der Brünnstein von diesem schrecklichen Unwetter gestreift, ganz oben, bei seinem felsigen Gipfelaufbau?!

Weniger schroff, aber bedeutend höher zeigt sich der Nachbar des Brünnsteins, der Traithen. Mit seinen 1853 Metern ist er um immerhin 15 Meter höher als sein vielbewundertes Gegenüber Wendelstein und sprengt dadurch zwar den Titel dieses Buches, aber als südliches Bollwerk und Abschluß der beschriebenen Landschaft soll er hier nicht fehlen. Mächtig und hochalpin ragt er über dem Sudelfeld und der Rosengasse auf und führt erstaunlicherweise trotz der zahlreichen Sudelfeldbesucher eher ein Schattendasein. Dabei ist er relativ leicht erreichbar; zu bezwingen allerdings weniger angenehm. Vom Oberen Sudelfeld aus (Sessellift von Bayrischzell) kommt man über zwei überdimensionale Treppenstufen, den Vogelsang (1563 m) und den Kleinen Traithen (1723 m) in gut zwei Stunden Gehzeit auf den Gipfel. Seltsamerweise sind seine Anstiege durch die steilen Latschenfelder meistens auch ohne länger anhaltenden Regen unangenehm glatt und schmierig und dadurch nur etwas für trittsichere Geher. Wer jedoch einen Berg sucht, der noch ohne überbreite Almwege auskommt, eine Alm besitzt, wo noch frische Milch ausgeschenkt wird (Fellalm zwischen Kleinem und Großem Traithen), der wird hier fündig, vor allem auch, weil die Sicht überzeugt. Hier ist man nicht auf einem Vorposten, sondern mittendrin im Mangfallgebirge, hoch über dem Sudelfeld. Das hat nicht minder seinen Reiz. Ringsum Berge und Gipfel, wohin man auch blickt; hier hat man sie noch einmal alle beisammen: den Wendelstein und den Breitenstein, die Soinwand und das Wildalpjoch, die östlichen Chiemgauer, die nahen und fernen Tiroler Berge, das Trainsjoch als südlichen Nachbar und das nahe Hintere Sonnwendjoch, das Rotwandgebiet und über allem in der Ferne die glitzernden Schneeriesen des Alpenhauptkamms.

Fahr wohl, du zackiger Wendelstein!
Ihr Wälder und Almweiden,
Almrosen steck' ich an 's Spitzhütelein,
Dann schwing ich den Hut zum
Scheiden!

Karl Stieler

Nachwort

Diese Wanderung auf den Traithen war meine letzte Tour bei meinen Recherchen für dieses Buch. Wenn ich alle anderen Wanderungen unternehmen mußte wenn es die Witterung zuließ, wenn ich das beste Licht für die Fotografien vorfand und wenn ich die Wandererfahrungen für den Text benötigte, so wartete ich mit dem Traithen bis zuletzt. Von welcher Warte aus sonst im Bereich dieses Buchtitels hätte man noch einmal derart zum Wendelstein hinüber- und auf das Erfahrene und Erforschte zurückblicken können? Kein Archiv und keine Chronik konnte die Recherchen besser abschließen wie diese Wanderung, und so schaue ich noch einmal hinüber zu dem Berg, der in den vorangegangenen Jahren wie kein anderer meine Gedanken und mein Leben beeinflußte, der lange Zeit mein Handeln bestimmte, meine Freizeit ausfüllte und mein Bewußtsein für die Schönheit der Natur, aber auch für die Vergänglichkeit allen Daseins schärfte; der meine Achtung vor der landschaftlichen Schönheit und vor der Kultur seiner Bauten in seinem Umkreis erheblich steigerte. Als Zentrum und Fixpunkt des beschriebenen Gebietes wurde er für mich während dieser Zeit gleichsam zum König über sein Land, über das Leitzachtal, über die Mangfall und in diesem Abschnitt seines Laufes auch über den Inn.
Mit dem Wendelstein und seinen untergebenen Bergen im Norden vor meinen Augen begann die kleine Reise durch eine Welt voller Geschichte, voller glaubhafter und unglaubhafter Geschichten, voller Leben und voller kleiner und großer Wunder. Ich wünsche mir, daß es mir möglich war, Ihnen etwas über die Städte und Ortschaften, Flüsse und Täler, Menschen und Landschaften unter dem Wendelstein nahezubringen, Ihnen von Dingen und Ereignissen zu erzählen, von denen Sie vielleicht noch nichts wußten; ich wünsche mir aber auch, daß es mir ebenso möglich war, Augenblicke und Zeiträume in Wort und Bild festzuhalten und so ein Bild der Landschaft um den Wendelstein zu entwerfen, das im raschen Wandel unserer schnellebigen Zeit nur allzu leicht Gefahr läuft, mit den Veränderungen im täglichen Leben aus dem Bewußtsein zu verschwinden.
Die Umrundung des an Faszination nie nachlassenden Wendelsteins durch sein Land fing mit Bayrischzell hier zu Füßen des Traithen an und es ist damit an der Zeit, sie auch hier zu beenden. Der Kreis hat sich geschlossen.

Literaturhinweise

Im Text bereits ausführlich erwähnte Literatur wurde nicht nochmals aufgeführt.

Aiblinger Tagblatt (Bad Aibling), April 1934.
Altbayrische Sagen. Hrsg. v. Bezirkslehrerverein München. München 1930.
Bayrisches Inn-Oberland. Nr. 17. Hrsg. v. Bezirkslehrerverein Rosenheim Stadt. o. O. 1932.
Bayern-Kalender, o. O. (München) 1946.
Bentzinger, Hans: *Rosenheim, gestern und heute.* Rosenheim 1977.
Bodenstedt, Friedrich: *Eines Königs Reise.* München 1879/1985.
Breibeck, Otto Ernst: *Nacha treibts zua.* München 1979.
Brunnhuber, Josef: *Chronik des oberen Leitzachtales.* Birkenstein 1928.
Christ, Lena: *Mathias Bichler.* In: *Werke.* München 1970.
Deutscher Alpenverein e. V. (Hrsg.): *Sanft und sicher . . .* München 1989.
Duller, Eduard: *Das malerische und romantische Deutschland.* Band VIII: *Die malerischen und romantischen Donauländer.* Leipzig 1840.
Dürnegger, Josef: *Bayrisches Inntal – Nußdorf.* Törwang 1951.
Edelmann, August: *Bayrisches Bäderbuch.* München 1890.
Ehrenreich, Ludwig: *Nickelheim – Das Dorf im Moor.* München 1978.
Einmayer, Max u. Arbinger, Max: *Inntaler Sagen.* Oberaudorf 1983.
Franz, Heinrich Gerhard: *Dienzenhofer – Hausstätter.* München/Zürich 1985.
Freundl, Stefan: *Rosenheim/Brunnen – Denkmäler – Plastiken – Gedenktafeln.* o. O. o. J.
Fried, Pankraz: *Anfänge des Hauses Wittelsbach. Die Chronik des Abtes Konrad von Scheyern (1206–1225).* Weißenhorn 1980.
Geier, Gustav: *Land und Leute am Alpenrand.* Bad Aibling 1937.
Goepfert, Günter (Hrsg.): *Franz von Kobell. Ausgewählte Werke.* München 1972.
Hansen, Walter: *Das große Buch der deutschen Volkspoesie.* Bergisch Gladbach 1989.
Ders.: *Buch der Balladen.* München 1978.
Hefner, Otto Titan von: *Die Chronik von Rosenheim.* Rosenheim 1860.
Heimatschau (Bad Aibling), H. 2, 1932.
Heyn, Hans: *Süddeutsche Malerei.* Rosenheim 1981.
Historischer Verein für Bad Aibling und Umgebung (Hrsg.): *Der Mangfallgau.* Bde. I–V. Rosenheim 1956–1960.
Holzer, Ferdinand Josef: *Am Fuße des hohen Madron.* München 1940.
Hubensteiner, Benno: *Bayerische Geschichte.* München 1980.
Kirchenführer Au. Hrsg. v. Katholischen Pfarramt. Bad Aibling 1985.
Kirchenführer St. Nikolaus. Hrsg. v. Katholischen Pfarramt. Rosenheim o. J. (ca. 1965).
Kirchenführer Wiechs. Hrsg. v. Katholischen Pfarramt Bad Feilnbach. Ottobeuren 1989.
Klöckel, Josef von: *Rosenheim mit seiner Heilquelle und Umgebung. Erstes Bändchen.* o. O. 1815.
Kobell, Franz von: *Sammlung Oberbayrischer Lieder.* München 1860.
Lampl, Sixtus: *Fischbachau. Kirchenführer.* Hausham 1985.
Langer, Alfred: *Wilhelm Leibl.* Leipzig 1961.
Lechner, Ludwig: *Das Leitzachtal.* o. O. 1927.
Maier, Gerhard: *Miesbach.* Miesbach 1968.
Mit den Malern durch den Landkreis Rosenheim. Hrsg. v. Landratsamt Rosenheim. Rosenheim 1989.
Mayr, Julius: *Wilhelm Leibl.* Brannenburg 1906.
Meindl, Michael: *Bayrischzell.* Miesbach 1963.
Meixner, Hans: *Die Ortsnamen der Gegend um Rosenheim.* Rosenheim 1920.
Noichl, Elisabeth: *Codex Falkensteinensis – Die Rechtsaufzeichnungen der Grafen von Falkenstein.* München 1978.
Obermaier, Leopold: *Geschichte der Ortschaft und ehemaligen Hofmark Fagen.* München 1857.
Papst, Helmut: *Das Buch von Brannenburg.* Rosenheim 1975.
Pfatrisch, Peter: *Geschichte der Pfarrei Irschenberg.* o. O. 1860.
Pörnbacher, Karl u. Hubensteiner, Benno (Hrsg.): *Bayerische Bibliothek.* Bd. 4: *Von der Romantik bis zum Realismus.* Hrsg. v. Eberhard Dünninger. München 1980.
Rivier, Horst u. Hardt, Claus: *Heimat Kolbermoor.* Trostberg 1988.
Reizenstein, Wolf-Armin Freiherr von: *Lexikon bayrischer Ortsnamen.* München 1986.
Römisch-Germanisches Zentralmuseum Mainz (Hrsg.): *Führer zu vor- und frühchristlichen Denkmälern.* Band 18. Mainz 1971.
Rosenegger, Josef: *Der Petersberg bei Flintsbach.* Flintsbach 1982.
Sieghardt, August: *Wendelsteinmonographie.* München 1925.
Ski-Club Bayrischzell (Hrsg.): *50 Jahre Ski-Club Bayrischzell.* Bayrischzell 1972.
Schmidkunz, Walter: *Gibt's koa Sünd – da is a Lebn. 845 waschechte Schnaderhüpfl.* 2 Bde. Rosenheim 1974.
Schmitter, Emmi: *Heimat am Sulzberg und Farrenpoint.* Litzldorf 1986.
Schnell, Kunstführer, München und Zürich:
Bayrischzell (Nr. 238), ^{4}1985.
Birkenstein (Nr. 85), ^{8}1988.
Die Kirchen der Pfarrei Irschenberg (Nr. 1498), 1986.
Lippertskirchen. Pfarrei Bad Feilnbach/Wendelstein (Nr. 830), ^{2}1977.
Niklasreuth-Wörnsmühl (Nr. 1327), 1982.
Petersberg bei Flintsbach (Nr. 229), ^{4}1987.
Scheyern (Nr. 338), ^{6}1982.
Westerndorf (Nr. 667), ^{4}1984.
Stieler, Karl; Schmid, Hermann u. Ludwig, Wilhelm: *Die Berge grüßen.* München 1873, Reprint Pfaffenhofen 1979.
Steub, Ludwig: *Sommer in Oberbayern.* München 1947.
Thaler, Franz: *Wasser- und Schiffbautechnische Sammlung beim Wasserwirtschaftsamt Rosenheim – Innmuseum.* Rosenheim 1984.
Thoma, Ludwig: *Gesammelte Werke.* Band 8. München 1956.
Wagner, Ludwig: *In heimatlicher Flur.* Fischbachau 1986.
Weigl, Eugen u. Doppelmayer, Friedrich Wilhelm: *Zeichnungen und Skizzen nach der Natur aus den Gegenden des Kgl. Baier. Landgerichts Rosenheim.* Rosenheim 1982.
Wünnenberg, Rolf: *Lorenz von Westenrieder.* Tutzing 1982.
Zimmer, Hans: *Die Hausstätter.* o. J. Bad Aibling.

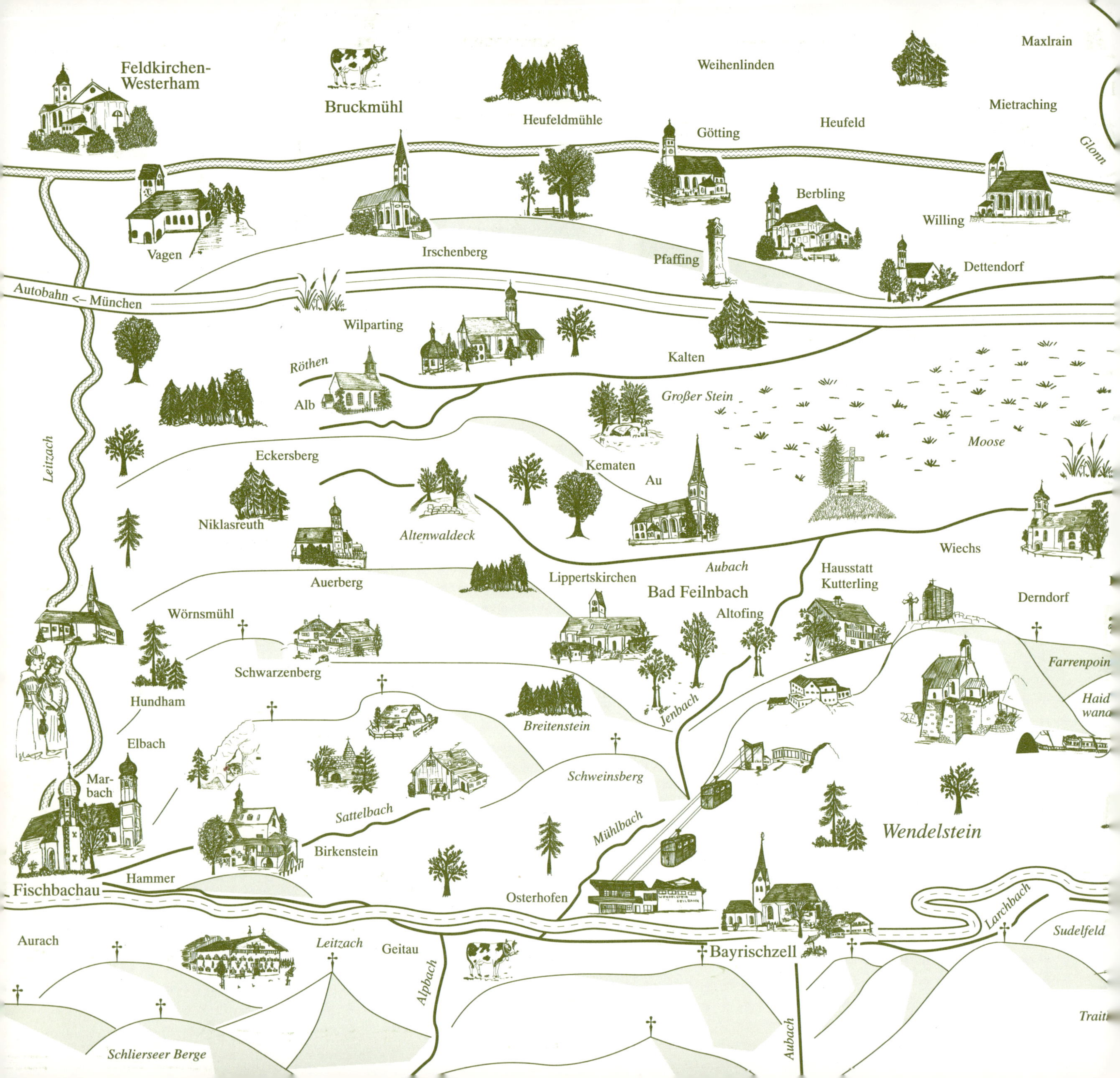
Feldkirchen-
Westerham
Bruckmühl
Heufeldmühle
Weihenlinden
Götting
Heufeld
Maxlrain
Mietraching
Glonn
Vagen
Irschenberg
Pfaffing
Berbling
Willing
Dettendorf
Autobahn <- München
Wilparting
Kalten
Röthen
Alb
Großer Stein
Moose
Leitzach
Eckersberg
Kematen
Au
Niklasreuth
Altenwaldeck
Wiechs
Auerberg
Lippertskirchen
Aubach
Bad Feilnbach
Hausstatt
Kutterling
Derndorf
Wörnsmühl
Altofing
Schwarzenberg
Farrenpoin
Hundham
Breitenstein
Jenbach
Haid
wand
Elbach
Schweinsberg
Mar-
bach
Sattelbach
Mühlbach
Wendelstein
Birkenstein
Hammer
Fischbachau
Osterhofen
Larchbach
Sudelfeld
Aurach
Leitzach
Geitau
Bayrischzell
Alpbach
Aubach
Trait
Schlierseer Berge